1週間で作り上げる短期集中プログラム

7日で作る
事業計画書
CD-ROM付

マッキンゼーで14年にわたり経営改革と新事業創出を牽引し、さらに14年間ベンチャー共同創業・支援を続けてきた実績がここに結実。短時間で深く思考し、多方面から仮説検証を繰り返し、説得力ある内容に高める。

赤羽雄二 著
ブレークスルーパートナーズ

成功確度を上げる
事業計画を最速で作る

- 思いついたアイデアを深められない時
- どうすれば儲かるビジネスにできるかわからない時
- 顧客ニーズをうまくまとめられない時
- どこから始めたらいいかわからない時

山積する問題を速攻解決！

明日香出版社

はじめに

　事業計画とは、起業を志したり第二創業を目指す時、あるいは社内で新事業を立ち上げる時、誰に何を売ってどう儲けるのか、どう急速に立ち上げるべきか、考えを整理したものを言う。文字通り、事業の計画を書いたものだ。

　本書では、起業や第二創業を目指す方を主な対象にしているものの、社内で新事業を立ち上げる場合も視点は近いので、参考にしていただきたい。家業、個人事業主、あるいはSOHOの場合も同様だ。

　どの場合も、どうやって事業を成功させるか、計画を練り、詳細に決め、ぶれないように書き留めておき、最速で動き、立ち上げられるように準備する。多くの場合、一緒にやる仲間を募ったり、事業の資金を獲得したりする目的にも使うため、人にもわかりやすく書く必要がある。

　本書では、3つの事業を例として説明していく。
　一つめは、英語を話せなかった人でもかなり滑らかに話せるようになる、英語スピーキング練習用のスマートフォンアプリとする。2つめは、雨の日でもすぐタクシーを予約できるスマートフォンアプリ。3つめは、つけ

爪ECサロンの立ち上げを例に取ろう。どれも、事業の内容、特長、立ち上げ方などを具体的に書いていく。

事業計画には、
① 解決すべき重要な課題とターゲット顧客・ユーザー
② 事業ビジョンとその達成ステップ
③ 経営チーム
④ 製品・サービスの内容と特長
⑤ 市場規模、成長性
⑥ 事業戦略と競争優位性
⑦ 事業提携と実現方策・シナリオ
⑧ 利益を上げる仕組み（ビジネスモデル）
⑨ 組織体制
⑩ 実行計画
⑪ 2年間の月次収支計画（売上、入金、支出、月次収支、月末口座残高をわかりやすく並べたもの）
⑫ 資本政策

などを20～30ページに書く。ワードもよいが、パワーポイントの方がページごとに扱いやすく編集もしやすいのでお勧めしている。⑪の月次収支計画は、エクセル1ページとなる。

◆7日で作り込む理由

こういった事業計画の作成に何か月もかけてはもったいない。検討しているうちにタイミングを逃したり、せっかくいいアイデアだったのに競合が現れたり、共同創業に合意してくれたメンバーを失ったりもする。自分の想いが冷めてしまうこともある。

時間をかけて内容が深まっていけばまだいいが、多くの場合、壁にぶつ

かったままだったり、堂々巡りになって内容が一向に深まっていかなかったりする。数か月たっても、サービスの企画がまとまらなかったりする。

つまり、その数か月が無駄になるだけではなく、多くの場合、当初の勢いを失ってしまう。資金も無駄に食いつぶす。

事業計画作成について詳しく書いた書籍は多数あるが、読んだだけではまず書けない。

何となくわかった気になっても、実際に自分が考えている事業の検討は中々進まない。形だけマネをして記入しても、深く考えていないので、内容がスカスカだ。事業を何とかしたいという気持ちは強くても、説得力のある事業計画をどうやったら書けるようになるのかがよくわからない。

結局、事業計画とは、そのビジネスに対してどれほど深く考えたか、どれほど熱意を持って考え抜いたかで質が決まる。深く深く考え、何時間でも語り尽くせないほどお客様の悩みや課題を熱心に研究し、理解しているかどうかが鍵を握る。

お客様が何に困っているのか、どういうものを求めているのか、なぜ求めているのか、誰よりも詳しく知っていることだ。

誰のどういう悩みや夢にどう答えるのか、顧客の置かれた状況の一部始終を知り、場合によっては本人よりも深く知り、素晴らしい解決策を提供する。顧客視点でユニークな解決策を提供する。それが事業の根幹だ。

事業を立ち上げるとは、決して一人よがりに延々と自分の夢を語ることではない。あくまで顧客の課題を解決することに徹し、その中で自分の夢を実現していく。決して自己満足をすることではない。

私はこれまで多数のベンチャーを共同創業・経営支援してきた。また、大企業の経営改革・新事業立ち上げ支援にも多くかかわった。その経験に

基づき、想いを素早く事業計画に落とし込み、事業を成功させるための実戦的な方法をお伝えしたい。

　充実した事業計画を7日で完成することは、もちろんできない。
　ただ、熱意を持って事業に取り組んでいる場合、そのくらいのスピードで事業計画第1版を作成すると、全体像が驚くほど明確になる。何より、自分の頭が整理される。
　何を質問すべきか、どこをもっと深掘りすべきかがわかる。仮説検証のための実証ミニプロダクト（MVP=Minimum Viable Product）をぶれなく作ることもできる。
　7日でいったん完成させる、というスピード感と全体像への取り組みが、自分の頭を大いに整理してくれる。
　同じようなスピードで事業計画第2版を作り、人に説明し、修正していけば、どこに出しても恥ずかしくない、十分実用的な事業計画が作成できる。

　事業のイメージが全くない白紙状態の場合、もう少し探索活動が必要だ。誰が何で困っているのか、そこに特別優れた解決策を提供できるのか、その結果、顧客に感謝されて事業として成り立つものを作り上げられるのか、早急に検討を進める必要がある。
　この事業を絶対に成功させたいという強い想いがなければ、事業の深い検討もできなければ、事業計画を書き上げることも到底できない。事業計画は見栄えのみの作文では決してないからだ。
　本書では、この事業を絶対に成功させたいと思えるようなものの見つけ方、深掘りの仕方についても詳しくご説明する。

2014年2月

　　　　　　　　　　　ブレイクスルーパートナーズ　赤羽雄二

『7日で作る　事業計画書 CD-ROM付』

もくじ

はじめに 2

第1章　事業計画を作る前に考えるべきこと　　12

1　事業計画との向き合い方　　14
　　成功の確率を上げるために
　　事業計画に多く見られる問題点

2　事業計画作成のポイント　　22
　　「説得力ある合理的な事業計画」作成に必要なアプローチ
　　事業計画作成チェックリスト

3　問題把握・解決力の強化　　30
　　A. メモ書き
　　B. フレームワーク作成

- C. ホワイトボード活用
- D. 日々の情報収集
- E. 何でも相談できる相手を確保
- F. アンテナを高く上げる工夫
- G. 問題把握・解決力を高くするための基本姿勢

第2章　7日で作る事業計画

0　事業計画作成7日間のステップ
7日間のステップ概要

1日目　事業計画の全体像をいったん作る①

事業モデルを思考し、整理するメモ書き
骨子を書き出し、調べ、ドラフト3まで作る

① 解決すべき重要な課題とターゲット顧客・ユーザー
切実なニーズ
ターゲット顧客・ニーズ
「① 解決すべき課題とターゲット顧客・ユーザー」の考え方・見せ方

② 事業ビジョンとその達成ステップ
事業ビジョン
事業ビジョン達成のステップ
「② 事業ビジョンとその達成ステップ」の考え方・見せ方

③ 経営チーム
「③ 経営チーム」の考え方・見せ方

④ 製品・サービスの内容と特長
製品・サービス内容をどうアピールしたらいいか

「④ 製品・サービスの内容と特長」の考え方・見せ方

⑤ **市場規模・成長性** 115

「⑤ 市場規模、成長性」の考え方・見せ方

2日目 — 事業計画の全体像をいったん作る② 122

⑥ **事業戦略と競争優位性** 124

事業戦略

競争優位性

「⑥ 事業戦略と競争優位性」の考え方・見せ方

⑦ **事業提携と実現方策・シナリオ** 136

事業提携

事業提携のシナリオ

「⑦ 事業提携と実現方策・シナリオ」の考え方・見せ方

⑧ **利益を上げる仕組み（ビジネスモデル）** 142

15のビジネスモデルオプション

「⑧ 利益を上げる仕組み（ビジネスモデル）」の考え方・見せ方

⑨ **組織体制** 152

社内体制を整える

協業体制を整える

「⑨ 組織体制」の考え方・見せ方

⑩ **実行計画** 161

具体的なアクション

必達目標

「⑩ 実行計画」の考え方・見せ方

3日目 — 顧客・ユーザーインタビューを実施し、全体像を見直す　168

顧客・ユーザーインタビューの準備　169
- ユーザー候補の確保
- インタビュー時間
- インタビューの場所

顧客・ユーザーインタビューの実施　172
- インタビューの進め方
- 盛り上げ方
- 仮説検証・修正・再構築
- フォーカスグループインタビュー

事業計画の全体像の修正　176
- 事業計画のチェックリスト

4日目 — テンプレートに記入し、事業計画の体裁を整える　182
- 0. 表紙
- 1. 解決すべき重要な課題とターゲット顧客・ユーザー
- 2. 事業ビジョン
- 3. 経営チーム
- 4. 製品サービスの内容と特長
- 5. 市場規模、成長性
- 6. 事業計画と競争優位性
- 7. 事業提携と実現方策・シナリオ
- 8. 利益を上げる仕組み（ビジネスモデル）
- 9. 組織体制
- 10. 実行計画

事業計画テンプレートに記入する際のポイント　203

| 5日目 | 改めて顧客・ユーザーインタビューを実施し、内容を修正する | 204 |

  再度顧客・ユーザーインタビューの実施　　　　205
  事業計画の内容を修正　　　　207

| 6日目 | 収支計画を立案し、事業計画を修正する | 208 |

  ⑪ 収支計画　　　　208
   2年間の月次収支計画
   「⑪ 収支計画」の考え方・見せ方
  ⑫ 資本政策　　　　213
   資本政策の3つのステージ

| 7日目 | 最終仕上げとプレゼン練習をする | 220 |

  聞く側の立場で最終チェック　　　　221
  プレゼン練習と修正　　　　222

第3章　事業計画の実行　224

1　事業計画の継続的な改善　226

2　リーンスタートアップ　228
リーンスタートアップのステップ
価値仮説と成長仮説
MVP（実証ミニプロダクト）
リーンスタートアップ改め、「超高速仮説構築・検証・修正による商品開発」

3　会社設立と共同創業者　240
会社設立すべきか？
会社設立時に決めるべきこと
共同創業者の確保

4　資本金の確保と資金調達の可能性　250
用意すべき資本金の額
創業融資制度

5　ベンチャーの経営　254

6　企業内の新事業創出　268

カバーデザイン：金澤浩二

第 *1* 章

事業計画を作る前に考えるべきこと

1 事業計画との向き合い方
2 事業計画作成のポイント
3 問題把握・解決力の強化

1
事業計画との向き合い方

　事業計画の作成に着手する前に、自分は何をしたいのか、どのくらい強い気持ちなのかを考えてみる。
　その事業についてどのくらい深く熱意を持って考えてきたか、どのくらいのエネルギーを投入してきたのか、事業についてあれこれ考えることがどれほど楽しいのか、どのくらい多くを犠牲にしても絶対にやりたいのか、が成否を分ける。

　思いつきで比較的軽い気持ちで事業を始める人は意外に多いかもしれないが、思いつきで、行き当たりばったりだと、壁にぶつかった時に挫折しやすい。少し困難な状況に陥るだけでやる気が失せてしまう。他にもっとやりたいことがあったと思い始めたり、この事業は魅力がない、筋が悪いなど、自己正当化を始めたりしてしまう。
　どうしても本気度が低く、研究熱心になりにくい。今これをやらなければならないという必然性がないからだ。本人は真剣なつもりでも、付け焼き刃的な姿勢が露呈する。どのくらい真剣かが微妙だし、本音が見え隠れするので、意に感じて一緒にやろうと言ってくれる人も中々現れない。本格的な支援も得にくいのが現実だ。自業自得ではあるが。

◆事業計画に「夢中になれる」人が輝く

　一方、これを絶対にやり遂げたい、困っている人を何とか救いたいと思っている場合は、すべてに迫力がある。アイデアが続々湧いてくる。夜遅くまで考え続け、朝も早くから目が覚めて、工夫することが楽しくて仕方がなくなる。毎日爽快であるし、頭がすごくよくなったような気までしてくる。

　夢の中で何か思いつき、ぱっと目が覚めることすらある。忘れないうちにと、枕元に置いたメモ用紙に書き留めていくようになる。このくらいになると、事業への考えも一本筋が通るし、自分の想いを語り、人を惹きつけて大事をなすことができるようになる。

　こういう人は目の輝きが違う。目に力があり、人を惹きつける魅力がある。まだ何も始めていない状況でも、やり遂げる自信がみなぎっている。自分がやらなくて誰がやるんだ、と当たり前のように思い込んでいる。

　Apple創業者のスティーブ・ジョブスがまさにそれだ。2013年11月公開の同名の映画をぜひ見てほしい。大学を早々に中退した、落ちこぼれの彼がパーソナルコンピューターに触れた瞬間、自分が世界を変えるんだ、と躊躇なく起業している。

　こういう人は、壁にぶつかってもぶち壊して前進してきた歴史を持っているはずだ。あるいはスティーブ・ジョブズのように、雷に打たれたように、別次元のスピードで走り始めるはずだ。

　これが事業を何とかして成功させるタイプで、あなたがもしそのタイプだったら、本当に幸せだと思う。

　あれこれ余計なことをいっさい考えず、頭にも浮かばず、ひたすら自分の使命を感じ、爆走することができるからだ。人の思惑や中傷もほとんど気にならない。使命達成に比べれば取るに足らないものだと、ごく自然に思えてしまう。

◆事業計画に「夢中になれない」人でも何とかなる場合もある

　そういうタイプでなかったら、もう少し苦労する。悩みが多くなるからだ。何かと迷ってしまい、最速で進めることが中々できない。
　そういう場合、一緒に走ってくれる熱い仲間を早めに見つけた方がいい。その仲間に引きずられて頭が整理され、スピードも速くなる。うまの合う補完的な2人がいれば、戦闘力は2倍にも3倍にもなる。

【　成功の確率を上げるために　】

　どちらの場合も、成功の確率をさらに上げるため、本書を参考にして考えを整理してほしい。悩んだり試行錯誤したりが減り、より速く事業計画をまとめ上げることができる。一度まとめ上げると心が落ち着くので、自然に全体を見通しやすくなり、大局観が生まれてくる。最も重要な点に戦力を集中でき、壁を乗り越えやすくなる。

　成功体験があまりなく、事業にも事業計画にも初めて取り組もうとされている方はどうすべきなのか。

気にしなくてもいいし、気にしてもしょうがない。
誰でも最初は初めてだ。

　スティーブ・ジョブズがコンピューターボードに出会って売り始めた時も、マーク・ザッカーバーグがFacebookの一つ前のサービスを作った時も、2人とも初めてだった。初めてだったが、自分が見つけたものに夢中になり、特別な集中力を発揮して取り組んでいる。

　想いが強ければ、経験のなさは何とかカバーできる。こういうサービスを絶対作りたいとか、困っている人を助けるサービスを早く作りたいとか、想いさえあればいろいろ工夫するので何とか道は開ける。

ただ、想いをわかりやすく形にしたり、課題を整理し解決策を考え出したりするには、少しトレーニングが必要だ。

もやもやとした気持ち、何となくこうかなと感じる時にそれをはっきりと表現することができるようになったら、事業計画は格段にまとめやすくなる。まとめられるようになると、助けてくれる人も増える。

顧客やユーザーの悩みをより深く理解し、どういう問題があるのか表面だけではなくより本質的な課題に立ち返って整理する力をつけられれば、ありきたりではない解決策を考えることができるようになる。

ちょっとやそっとの壁に当たっても、うまく問題点を迂回するとか、周囲を埋めるとか、壁を乗り越える強力な仲間を集めるとか、工夫をして乗り越えていくことができるようになる。事業を進めていく中で次々に襲いかかる試練で簡単に挫折しないようになる。頭がかなりよくなり、慌てずに進めることができるようになる。

こういった力をつけるための具体的なトレーニングの方法についてもお伝えしたい。

思いついても何もしないとすぐ消えてしまうが、本当にやってみたければ、気持ちの強いうちに一気に事業計画としてまとめてみてほしい。その目安が7日だ。まとめる作業の中で考えが深まり、やる自信が生まれ、どんどん新しいアイデアが湧き、絶対やり遂げたいという気持ちが強くなる。一緒にやりたいという人も出てきて加速していく。

本書に沿って取り組んでいただければ、意外にできるはずだ。意外にもできてしまう、というように設計してある。

【　事業計画に多く見られる問題点　】

　事業計画の作成は想いだけではできない。的確に形にするには、手順と方法がある。

　「こういうビジネスを何としてもやりたい」という強い想いを持った方が、独力で7日の間に説得力のある事業計画を作成できるよう、問題点を指摘しつつ、順を追ってご案内していく。

　作成された事業計画を拝見する機会が多いが、驚くほど共通の問題が見られる。

(1) 理由の問題
　第一に、こうしたい、こうしようということは一応書いてあるが、なぜその分野か、なぜその事業ビジョンを追求しようとするのかが明らかに検討不足で、説明不足だ。もっと言えば、本当にその課題を解決したいのか、本気で想っているのかよくわからない。考え抜いているようには到底見えない。

(2) 事業モデルの踏み込み不足
　第二に、この事業がなぜ成長し、事業としてなぜ大変魅力的なのか、検討不足で、説明不足だ。「技術が素晴らしい、アイデアが素晴らしい」ということと事業の成功とは必ずしも直結しない。他に満たさなければならない条件がいくつもある。多くの場合、混乱し勘違いしている。

(3) 顧客ニーズの把握不足
　第三に、顧客ニーズの把握が甘く、実際どのくらい切実なニーズがあるのか、顧客によってニーズがどのように異なっているのか、何が決定的に

重要なのか、いつどうなれば本当に購入してもらえるのか、検討不足、説明不足だ。顧客と言っても、一筋縄ではなく、ニーズによっていくつものセグメントに分かれることが普通だ。それぞれのセグメントごとに、ニーズはかなり違ってくる。その把握が非常に甘い。

(4) 事業立ち上げの詰めが甘い

　第四に、事業をどう立ち上げるのか検討不足、説明不足だ。事業計画が数値計画主体で、内容がほとんどないことが多い。数値計画はどうにでも作れるので、それをいかに細かく作ってもあまり意味はない。数字に根拠があればもちろん価値があるが、そういう数値計画は希だ。そもそも、新たに始める事業では根拠ある数字は作りづらい。

　それ以上に問題は、数字合わせをするあまりに、事業そのものをどうやって立ち上げるのか、どこからどう始めるのか、どうやって体制を作るかなどの本質的な議論がほとんどないことだ。エネルギーを奪われてしまったという以前に、事業を数字でしか見ておらず、立ち上げの現実的な難しさや取り組みについて考える姿勢がないと言わざるを得ない。

(5) 競争優位性の踏み込み不足

　第五に、競争優位性の説明が不足していることが非常に多い。既存の、しかも競合製品とのありきたりの比較があればいい方で、それすら突っ込みどころ満載だ。自社製品・サービスが市場導入される時点までに登場するであろう競合の新製品との比較はまずない。自社製品・サービスがどのくらい優れていて、どうやって今後さらに差を開いていくのか、勝ち続けていくのか、ほとんど考えられていない。競争優位性の根拠としてあげられているのが特許数件のみで、その特許がなぜ競争優位性の源泉となるのか、他社がなぜ回避できないのか、検討も説明も不足していることが多い。

(6) 売上・利益計画の踏み込み不足

第六に、根拠が極めて薄弱な売上・利益計画がほとんどだ。どのくらい売れそうか、売るつもりなのか、顧客候補への売上予想の積み上げがなく、あるいは類似商品の市場把握がされておらず、ほとんどあてずっぽうだ。消費者向け製品・サービスの場合、消費者のニーズや行動パターンの把握が甘く、需要を読むベースが全く見えない。

出してみないと全くわからない商品も多数あるが、経営者としての心づもりとしてどのくらい売れても不思議はないのか、そうならない時はどうすべきなのか、シナリオを考えることもしていないことが多い。

(7) メッセージ不足

第七に、人に読んで理解していただくものとして、全体的に表現が稚拙なことが多い。言葉が短かすぎて何を言いたいのか、何度読んでも理解できない。明確なメッセージが書いてあればわかりやすいが、メッセージではなく、項目・箱だけ列挙している。言いたいことの一部のみ書いているため、本人以外にはほとんど伝わらない。あるいは、言いたいことが多すぎて、整理されていない。いろいろなことが頭に浮かび、整理して書けないため、脈絡がない。その結果、本人でなければ何度読んでも頭に入りにくい。あるいは、事業計画の重要な前提条件が抜けており、理解できない。

(8) 気合い不足

最後に、書いた本人が事業計画の内容を必ずしも信じておらず、絶対実行しようとのコミットもないことが多い。悪いことに、というか当然ながら、それが事業計画からはっきり見えてしまう。コミットしていなければ、つまり本当の熱意を持っていなければ、事業がうまくいくはずがない。岩を砕いて前進できないし、周りからも支援のしようがない。

不思議なことに、そういう人に限って、誰も手伝ってくれないと不平を

言い続けるが、自業自得だ。ただ、自業自得に気づいていないので、不平を言い止むことがない。こういう場合、外からどうしようもない。

「社会的意義もある素晴らしい事業なのに共同創業者が見つからない」ということで悩んでいる真面目な人もよくいるが、本当のところは、周りの人がだらしないのではなく、本人のコミットメントが低かったり、何としても事業を成功させるという迫力のなさが災いしていることが多い。

2 事業計画作成のポイント

【「説得力ある合理的な事業計画」作成に必要なアプローチ】

「説得力ある合理的な事業計画」を作成するためには、一人でもできなくはないが、できれば、**一緒に事業を立ち上げる仲間、共同創業者候補など**と徹底した議論をすることにより、考えを深め、仮説を構築し、検証し、客観的な視点から事業計画を練り上げることが望ましい。

　その内容は、下記となる。

① 解決すべき重要な課題とターゲット顧客・ユーザー
② 事業ビジョンとその達成ステップ
③ 経営チーム
④ 製品・サービスの内容と特長
⑤ 市場規模、成長性
⑥ 事業戦略と競争優位性
⑦ 事業提携と実現方策・シナリオ
⑧ 利益を上げる仕組み(ビジネスモデル)
⑨ 組織体制

> ⑩ 実行計画
> ⑪ 2年間の月次収支計画（売上、入金、支出、月次収支、月末口座残高をわかりやすく並べたもの）
> ⑫ 資本政策

その上で、インタビュー、データ収集などを通じ仮説を検証。何度も何度も、仮説構築→検証→仮説修正→検証を繰り返し、全体として整合性と一貫性のある事業計画を作成する。

◆仮説の構築とは

仮説構築とは、こうではないだろうか、と考えをまとめることだ。誰のどういう課題をどうやって解決しようとするのか、具体的に考えていく。

英語スピーキング練習アプリの例で言えば、仮説の骨子は、以下である。

> ・ターゲットユーザーは、20〜30代の留学希望者と20〜40代で英語を話す必要に迫られた社会人。
>
> ・ターゲットユーザーの最大の悩みは、やる気はあるが、どうやってスピーキングの勉強をしたらいいかよくわからないこと。世の中にある英語学習アプリは退屈だし、英会話学校は高すぎてとても行けない。頑張って通った友人も簡単な挨拶以外、話せるようにはならなかったらしい。スカイプ英会話は安価なものもあるが、ただネイティブの人と話すだけで工夫もなく、どうしても長続きしない。
>
> ・英語を話せるようになる学習法としては、口を慣らすのが最も重要なので、シチュエーションごとに短文を繰り返し、大きな声で発声する仕組みとする。
> ・まず、例文を20回ずつ大きな声で読み上げ、次に質問に答える形式にする。
> ・継続しやすいように、読み上げ回数による得点獲得、進捗状況、達成度、成長速度ランキングフィードバックを行う。

・スピーキングに特化した安価なアプリは他になく、シチュエーションごとの設定と継続を促す仕組みに加え、学習法・学習量・モチベーション・成長スピードに関する膨大なデータに基づく最適な練習機会の提供が競争優位性になる。

・月額980円で提供する。レベルアップしたユーザーにはプレミアムコースを月額1980円で提供。

タクシー予約アプリで言えば、

・ターゲットユーザーは、タクシーを比較的頻繁に活用する、都市の20代後半〜60代。

・ターゲットユーザーの最大の悩みは、雨やラッシュアワー、深夜にタクシーが中々捕まらないこと。必要な時ほどタクシーを捕まえることが難しい。

・タクシーを効果的に配車する方法としては、会員が今どこにいるのかを所有スマートフォンのGPS情報から把握。常に、待ち時間が最大でも5分になるように、タクシーの運用・配車をコントロールする。個人情報保護には最善の注意を払い、情報が運転手にも外部にも漏れないようにする。

・競合優位性としては、タクシーが見つかりにくい、空車が少ない時に待たせず配車する、という難題に対して、ロケーション情報のビッグデータ解析に基づき、競合の半分以下の待ち時間とする。

・1コイン、月額500円で提供する。訓練された運転手によるハイヤーを配車するプレミアムコースを月額980円で提供する。

つけ爪ECサロンで言えば、

・ターゲットユーザーは、10〜50代のネイルのおしゃれを楽しみたいが、仕事や学校で普段はネイルができない女性。

・ターゲットユーザーの最大の悩みは、ネイルのおしゃれが好きだし、ネイルをきれいにすると一日中気分がよくなることがわかっていても、仕事で

PCを使うので我慢しなければならないこと。学校で禁止されているのでやるわけにはいかないこと。つけ爪はあるが、爪にきれいにフィットしない上、デザインに限りがあること。

・そういう女性に対して、簡単に接着でき、自分の爪にフィットしたつけ爪を月2回宅急便でお届けする。デザインは毎回10種類あり、その中から気に入ったものを使って残りは後日着払いで返送する。爪の形を正確に測定してつけ爪をフィットさせるため、最初、粘土に指を押し込み、型取りをする。

・競合優位性は、型を取ることで自分の爪に完全にフィットしたつけ爪を提供できるところと、本人の好みで選んでいただけること、好みのタイプ、変遷を把握してどんどん好みに合うつけ爪を提供できるところ。

・月額880円（1セット利用の場合。2セット目以降は+600円）。

こういった仮説構築により、事業の全体像が見えてくる。見えてくると、ここはこうしようとか、ちょっと違うかなとか新しいアイデアがどんどん生まれてくるので、それを反映して仮説をいったん完成させる。

◆**仮説の検証とは**

仮説構築ができたら、次は仮説の検証だ。

英語スピーキングアプリの例で言えば、ターゲットユーザーの悩みは本当にそうなのか、彼らは今どうやってスピーキングの勉強をしているか、英語を話せるようにならない理由は本当は何なのか、なぜスカイプ英会話は続かないのか、大きな声で発声する仕組みが本当によいのか、一つひとつ検証していく。

検証の方法は複数考えられる。

> ・ネットで関連情報を調べる
> ・ターゲットユーザーに聞く
> ・英語教師に聞く
> ・英語学習について深い内容を書いているブロガーにコンタクトし、インタビューする
> ・友人・知人10人程度に協力してもらい、複数の英語学習法を試す
> ・競合アプリの結果、ユーザー評価等を分析する
> ・スムーズに話せるようになるため、どういう気持ちを持つべきか、心理的要因についても研究する
> ・簡単な実証モデルを作って試してみる

　タクシー予約アプリの例で言えば、ターゲットユーザーは本当に困っていることは何か、今はどうやってタクシーを探しているのか、仮説を立てた方法で待ち時間が本当に減るのか、一つひとつ検証していく。

　つけ爪ECサロンの例で言えば、ターゲットユーザーが本当に困っていることは何か、形があったつけ爪なら本当によいのか、どういうデザインが好まれるか、一人ひとりの好みの違いをどう反映するか、気に入ってもらえる率をどう上げていくのか、一つひとつ検証していく。

　これらに結果に基づき、最初に立てた仮説を修正する。
　元の仮説にこだわりすぎず、これならどうだろう、こう考えてみたら違うかもしれないと柔軟に考え続けると、比較的簡単に仮説を修正することができる。

　仮説を修正したら、改めて上記のような方法で検証する。
　これを数回繰り返していくと、かなり確信の持てる仮説ができていく。
　仮説に対して柔軟な姿勢を持ち続けること、考え続けること、検証し修

正し再確認し続けることが鍵になる。

　事業計画作成のプロセスにおいては、自分の想い、あふれ出るアイデア、気になっているポイント、うまく表現できないが無視できない点などをできるかぎり書き出し、その場で整理していく。あいまいな部分に対しては、自分で、あるいは仲間と質問を繰り返し、仮説・代替案を提示し、足りない部分を補足する。あいまいな部分はとことん追求するプロセスなので、大変な忍耐力がいるし頭も熱くなる。が、これをやり遂げると一段高いレベルの経営観・世界観を得ることができる上、大きな自信となる。

　これらの努力の結果、通り一遍、フォーマットを埋めただけの事業計画とは決定的に質が異なる、本来あるべき（説得力ある合理的な）事業計画が作成できる。

　徹底した議論と詳細検討のため、着手から会社設立あるいは社内での事業立ち上げまで、通常は数週間から数か月かかる。
　今回の「7日で作る事業計画」はその第一版だ。
　一度作ることで、思考が飛躍的に進む。進めるべきかどうか見えてくる。そんなに魅力的な事業だったら自分もやりたいという仲間も出てくる。そうすれば本格的な事業立ち上げに向けて、大きな一歩を踏み出すことができる。

【　事業計画作成チェックリスト　】

事業計画を一通り作成したら、以下のリストでチェックしてみるといい。

チェック項目	✓
事業ビジョン	
1. 事業環境、顧客状況、競合状況に基づき、わくわくする事業ビジョン、事業構想を描けたか？　自分たちは何をしたいのか、それがどんなに素晴らしいのか、なぜ自分たちなのかが明確に表現されているか？	
2. 事業ビジョン達成のステップをうまく2～3段階で書き分けられたか？その中に市場の全体観とダイナミックな構造変化が的確に表現されているか？	
事業、事業戦略	
3. 具体的な製品・事業内容は、素人にもわかりやすくイメージを持てるよう、明確に描けたか？　ビジネスモデルも明確でわかりやすいか？	
4. 顧客・ユーザー特性、顧客ニーズを的確に整理できたか？顧客の姿がはっきり浮かび上がってくるか？どんな顧客がどのくらい切実なニーズを抱えているのか、どうやって購入決定するのか、市場規模がどうなのか、などが的確に押さえられているか？	
5. 自社の強みが適切に整理できたか？なるほど、これはすごい、こんなに強いんだと感じられるか？勝ち続けるための独自の優位性は明確に述べられているか？	
6. 競合の動きは的確に押さえられているか？始めてから「え？　こんなはずではなかった！」というサプライズがないよう、競合把握の努力が十分なされているか？	
7. なるほど、これなら実現しそうだ、いかにもできそうだと思える事業戦略になっているか？　具体的には、 ①成功の鍵が明確で、どう実現するか考え抜かれているか？ ②これなら確かに他社よりずっと売れそうだと納得できるか？ ③実現手段、資源配分、実現ステップが明確で、安心できるか？	

8. 製品ロードマップ、技術ロードマップが明確か？
   なるほどこういうふうに開発が進むんだな、よく考えているなと納得できるか？

9. なるほど、こういう会社とこんなにうまく提携してやっていくのか、これなら人の力をうまく活用して、自分の強みに徹底集中してできるな、賢いな、と納得できるか？

実行体制、実行計画

10. 製品・サービス開発体制、調達・生産体制は明確か？
    建前論、精神論でお茶を濁していないか？

11. マーケティング・販促体制がしっかりとしているか？
    誰がどういうふうに具体的に進めるか、わかりやすく書かれているか？

12. 経営課題が明確で、メンバーの認識が十分一致しているか？
    経営課題の解決が事業ビジョン達成に直結するか？

13. 重要な課題に対しきめ細かく実行計画が作成され、確実に進捗フォローされるようになっているか？　必達目標は明確か？

14. 売上・利益計画の前提条件が、ベースケース、保守的ケースとも納得できるレベルで明確に整理されているか？

15. 最低半年〜1年先までの資金繰りの目途があるか？

16. 事業上、どういうリスクがあるか整理し、最悪の場合どうするか考えたか？

こういった項目になる。

7日で作った第一版の事業計画でもざっとチェックしてほしいし、その後の第二、第三版ではより徹底的にチェックすることで、プランの精度をどんどん上げることができる。

3 問題把握・解決力の強化

　事業計画をごく短期間で作成するには、頭を整理し、物事を深く考える力を鍛えておく必要がある。そのため、普段から実施しておくと非常に役立ついくつかの方法をご紹介したい。

　事業計画作成だけではなく、仕事の成果を上げる上でも、プライベートな人間関係にも大いに力を発揮する。

　著者が14年在籍したマッキンゼーでは、戦略的思考や課題解決力、あるいはプレゼン力に関しては徹底的にトレーニングを受けたが、頭を整理し、物事を深く考える力そのものについては、個々人に任されている部分が多かった。

　多数のベンチャーの支援や、大企業の経営改革、人材育成、新事業立ち上げ支援をする中で実践的に編み出した方法の中から、短時間に個人でスキルアップできるものを選んでお伝えしたい。

A. メモ書き
B. フレームワーク作成
C. ホワイトボード活用
D. 日々の情報収集

E. 何でも相談できる相手を確保
F. アンテナを高く上げる工夫
G. 問題把握・解決力を高くするための基本姿勢

などとなる。以下、順次ご説明する。

【 A. メモ書き 】

　自分で事業について考えたり、実際に事業計画を作成したりする場合は、事業への想いや取り組み方法について頭を整理し、少なくとも人に話して理解してもらえる程度にはなっておく必要がある。

　もともとそういうことが得意な方はいいが、そうではない多くの方にとって一番手っ取り早く、効果的な方法として、「メモ書き」をお勧めしている。毎日10分ほどの努力で、3週間もすると別人のように頭が回転し始める。自信も湧いてきて好循環が始まる。
　普段からアイデアがどんどん湧いてくるし、そのアイデアに対して自分で体系的に整理し、深掘りをし、自分自身で納得感を持って考えることができるようになる。よくわからないことに関して、何を調べたらいいのか、誰に聞いたらいいのか、誰に聞くべきなのか、聞ける人をどうやって見つけるのか、などどんどん進めていくことができるようになる。

　仕事をしていても、躊躇したり、上司が何をしてほしいのかよくわからなかったり、漠然とした不安を抱えていたりする人は多いが、それもなくなっていく。
　躊躇するのは、左右どちらに進むべきか、どうすればそれを決めることができるのか、決めて動いたらどういうまずいことが起きるのか、どうすればそれを回避できるのか、今さっさと動かないとどういうまずいことが

あるのか、よくわからないからだ。そういうことがあまり起きなくなる。常に頭が明晰だからだ。

　上司が何をしてほしいのかよくわからないのは、上司自身、部下に何をしてほしいのかよくわかっていないことが多いからだ。だいたいのイメージはあっても具体的に何をすべきか、何をすべきでないか、どういう条件で何をすべきか、ほとんどの上司はよくわかっていないし、それを認めようとしない。

　上司の指示が比較的まともでも、こわい上司の場合、よくわからなかった部分を確認しづらい。上司は自分がこわいと自覚していないので、無理して確認しようとすると、そのびくつき具合が心証を悪くする。それもこわいので、聞き返すこと自体、簡単ではない。

　ところが、メモ書きを続けると、上司がしてほしいことがよくわかるようになるし、わからない時は遠慮なく聞き返すことができるようになる。確認の質問がシャープでよく整理されているので、上司が「そうだ！　そうか！　そうなんだよ」と一人で納得してくれることまで起きる。上司とのやり取りも非常にてきぱきしているので、上司の安心感も増し、仕事の責任範囲が広がっていく。

　プライベートでも、彼・彼女・配偶者や、義理の父母、友人・知人とのコミュニケーションが非常にスムーズになる。何を求められているのか、それに対してどう応えるとベストか、今何を言うべきかあるいは言うべきでないかが前よりずっと見えてくる。ぴたっぴたっとツボにはまった対応ができるので、関係はもちろんよくなっていく。

　「なぜメールの返事が来ないんだろう」とか「どうしてこんなことを」な

ど、くよくよ悩んでも仕方がないことはあんまり悩まなくなる。何が問題で、改善のしようがあるのかないのかが見えてくるので、意味なく気分が重いということが減っていく。

後で心配すればいいようなことは、「後で考えればいいや」と思えるようになる。今意味なく悩んだりすることが減っていく。

すべてにわたって、自信が湧くので、余裕があり、笑顔も出やすくなり、好循環が生まれる。
事業を始めることへの不安、疑問点なども自然に整理されてくる。

以下、メモ書きについて短時間でのスキルアップの仕方をご説明する。

(1) メモの書き方
(2) タイトルの書き方
(3) 本文の書き方
(4) ノートや日記、ワードなどではだめな理由
(5) メモの整理の仕方
(6) メモから企画書をまとめる
(7) メモの見返し方

などとなる。この機会にメモ書きに慣れていただければ、仕事でもプライベートでも、あらゆる場で役立つことを実感されると思う。以下、順次ご説明する。

(1) メモの書き方

　A4用紙を横置きにし、一件一葉で、左上にタイトル、右上に日付、本文4～6行のメモを書く。各行は 20 ～ 30 字でできるだけ具体的に書く。**1ページを1分**、毎日必ず 10 ページ以上書くというふうにスピードと量を守ることが成長の鍵になる。

　何を書いてもよい。思いついたこと、疑問点、不安、嫌なこと、こうしようと思うことなどを全部書く。一件一葉、それぞれ1分で全部吐き出す。そうすると不思議なことに頭が非常にさえてくる。頭の中のごちゃごちゃや心の中の葛藤がなくなっていく。問題を解決するために何をすべきなのか、どのようにすべきなのかが自然に見えてくる。続けると、悩みや不安も激減し、気分が落ち着く。自信が生まれてくる。

　メモはこんな感じに書く。

「顧客ニーズをどうやって把握するのか」というタイトルで

> - インタビュー対象をどうやって見つけるか？　受けてくれるのか？
> - まずは、何で困っているのか聞く。その上で本当はどうしたいのか聞く
> - 中々本音を言ってくれないと思うので、色々ゆさぶってみる
> - 聞くだけではなく、行動を観察して見る

という4行を書く。タイトル、日付、本文合わせて1分以内に書く。ゆっくり書くと 2, 3 分すぐたってしまうので、時計を見ながら書く。
　大半の人は最初から時間内に書くことができるし、それ以外の人も 10 ページも書くうちに1分で書けるようになる。

> 顧客ニーズをどうやって把握するのか　2013-12-10
> - インタビュー対象をどうやって見つけるか？ 受けてくれるのか？
> - まずは、何で困っているのか聞く。その上で本当はどうしたいのか聞く
> - 中々本音を言ってくれないと思うので、色々ゆさぶってみる
> - 聞くだけではなく、行動を観察して見る

　事業計画を作成する準備としては、次のようなタイトルのメモを毎日10ページ書き続けるのがよい。大事なもの、頭に浮かぶものは何度でも書くのがよい。同じタイトル、似たようなタイトルでも一向に構わない。

　起業を志している方なら

> - 自分は何をやりたいのか？
> - 起業して本当に大丈夫なのか？
> - 起業に対して、どうやって家族を説得するか？
> - 誰に何を売りたいのか？
> - 顧客の特徴は？　どういう顧客セグメントをねらうべきか？
> - 競合はどこか、どうやったら競合に勝てるか？
> - 競合の強み、弱みは？
> - 成功させる自信があるのか？
> - どうやったらこの事業への仲間を増やすことができるか？
> - オフィスをどこに置くべきか？

社内で一般消費者向けの新事業を立ち上げようという方なら

- どういった年齢層、性別、特性を持つユーザーをねらうべきか？
- 社内の人材をどう確保するか？
- 今回のプロジェクトに関して上司は何をねらっているのか？
- 競合はどこか？　急成長中のベンチャーに対してどう勝つか？
- オフィス内で進めるべきか、思い切って外部にオフィスを借りるか？
- 社内の技術者の協力をどうやって得るか？　彼らは忙しいので話を聞いてもらえるか？
- 予算をどう確保するか？　ベンチャーキャピタルを利用する方法がないか？
- どういったビジネスモデルなら、社内で通りやすいか？
- 新事業のスピード感を大きく上げるには？
- Facebook も Twitter も使っていない上司をどう説得するか？

といった内容になる。1ページ1分で毎日10ページだと、大したことがなさそうだ。ところが1か月続けると300ページ、半年で1800ページも書くことになる。およそ考えるべきことを考え尽くせるようになるので、頭が非常に整理される。

毎日10ページを3週間続けると、ミーティングで他の人の発言が理解しやすくなったとか、自分の説明が通りやすくなったとか成長を感じられる人が多い。

(2) **タイトルの書き方**

タイトル（＝メモに書くテーマ）は、何でもよい。頭に浮かんだまま書けばよい。人に見せるものではないので、特に意識せず、頭に浮かんだフレーズをそのまま書く。

疑問形でも体言止めでもフォーマットは問わないが、私自身は疑問形で

書くことが多い。

　何かが気になった時、ふと思いついた時、すぐタイトルを A4 用紙に書き留めることが出発点になる。きのう書いたタイトルがまた浮かんだら、構わず何度でも書くといい。消化し切れておらず頭に浮かんでいるだけなので、何度でも書く。ほぼ同じタイトルで 5 〜 10 回書くと、もう頭に浮かばないようになる。

　頭に浮かばないというのは考えをやめたわけではなく、その点に関して十分考え、頭も気持ちも整理されたので、もやもや浮かぶことがなくなったという状況だ。私であれば、マッキンゼーに入った時、「インタビューを元にどう仮説を立てるか？」を何度も何度も考えた。数か月にわたりメモを 7, 8 回書いた時点でほぼ方法論が確立し、それ以上悩まなくなった。体現できるようになったので、どうしようこうしようと考える必要がなくなったということだ。

　メモを 1 ページ、本文を 4 〜 6 行書いたら、その各行をタイトルにして 4 〜 6 ページ追加で書くこともよくある。もっと深掘りしたいという時だ。その時書いたメモの各行をタイトルにしてさらに書いていくこともある。そうすると、自分の考えている案をあまり苦もなく、構造を気にすることなく深掘りしていくことができる。

　また、「深掘り」に加え、悩みが深い時、どうすべきかいろいろな考えが浮かんでは消える時などは、1 ページだけではなく「多面的に書く」とよい。視野が大きく広がって頭が整理できるからだ。例えば、次のようなメモを書いたとする。

- スマートフォンアプリによって社内会議の時間設定を効率よく進められないか
- 会議の時間設定に手間取り、プロジェクトを早く進行させることができない
- プロジェクトメンバーが5人以上の場合、全員の時間を合わせることが容易ではないため
- 全員の時間設定に優先順位をつけておくと、ある程度の融通が利かせられるのではないか？
- そうすると、機械的に初めて全員が一致する時間よりもかなり前倒しで会議の時間設定をすることができる

このメモを書いたら、次のようなタイトルのメモをどんどん書くやり方だ。

- 社内会議の時間設定に手間取るのはなぜなのか？
- 社内会議への参加人数が多いからではないのか？
- そもそも、最重要プロジェクトに関して、共通の時間を最初から通しで空けておけないか？
- 社内会議をせずに進める工夫はないのか？
- 社内会議の時間設定がスムーズに進む時はどういう時か？
- 社内会議の時間設定がスムーズに進まず、何か月もかかるのはどういう時か？
- どういう会議はスムーズに進行するのか？
- どういう会議はスムーズに進行しないのか？
- そもそも社内会議の時間設定とは本質的に何なのか？

そうすると、それらのメモを書き終えた頃には、頭が相当にすっきりする。社内会議の時間設定の問題点や解決するアプリのイメージがかなり浮かんで来る。たかだか10分後に「社内会議の時間設定アプリ」に関して

かなりの知見を持てるようになる。

また、例えば、

> 「クラウドソーシングを使って新製品の新しい告知方法を実現する」

というメモを書いたとすると、その後、同じように次のようなタイトルのメモをどんどん書く。

> - クラウドソーシングとはそもそも何なのか？
> - クラウドソーシングを使って告知する最善の方法は？
> - クラウドソーシングを使わないとどういう飛び道具を使えるか？
> - クラウドソーシングとソーシャルメディアをうまくかけ合わせるには？
> - 新製品の告知方法にはどういうものがあるか？
> - 従来の告知方法の問題点は？
> - 従来型の告知方法に一番フィットする製品は？
> - 従来型の告知方法に一番フィットしない製品は？
> - クラウドソーシングでその問題をどう解決するか？

そうすると、クラウドソーシングとマーケティングの新しい接点、考えるための糸口が書く以前よりかなり明確に見えてくる。

こうやって、一つのタイトルでメモを書き、それに対して多面的に書くことにより、今まで見えなかった側面がはっきり見えたり、十分考えていなかったことをしっかりと考えることができる。全体としてもやもやが整理できて、事業計画の骨子が新たな姿で浮かび上がってくる。

(3) 本文の書き方

　タイトルが浮かんだ後、1〜2行しか書けない人がいるが、心配はいらない。十数ページ書いているうちに必ず4〜6行書けるようになる。最初は時計を見ながら必死で1分以内に書き終えるようにする。ものすごく急ぐ感じだが、すぐに慣れる。

　各行は短すぎると具体性が不足するので、20〜30字で書くようにする。これも最初は短くても、慣れると十分書けるようになる。ただ、長く書こうとしないとどうしても短く端折ってしまいがちなので、慣れるまでは意識して長く、追加説明が不要だと思えるほどきっちり書く方がいい。

　頭に浮かぶもやもやをきちんと言語化して書くと、自然に20〜30字になる。氷山の一角を見つけて氷山そのものをきちんと描く感じだ。正確に、全体像を紙に吐き出していく。この訓練を毎日10回以上することが非常に大切であり、一番頭をよくしてくれる。

　事業計画は極力具体的に書く必要があるので、普段から長めのメモを書く癖をつけておく。

　本文を4〜6行書くという理由は、1つのタイトルに対して頭に浮かぶことを書き出すと、大体は4行以上になる、という実体験に基づいている。希に3行のこともあるが、普通はそれ以上出てくる。

　また6行までというのは、頭の中を常に整理しておくためだ。それ以上の場合は、きっとレベルの違う内容が混ざってしまう。レベルの違う内容を同列で扱うと当然しっくり来なくなる。

　4〜6行書く時、順番はいっさい気にする必要がない。気にし始めると、メモを書くスピードが遅くなる。心配は全くいらない。気にせず書いていても、自然に大事な順番に思いつき、書くことができるようになる。人の頭は不思議なほど、大事なことから思い浮かぶようにできている。

メモは A4 用紙の裏紙に書くのがベストだ。不要な資料の裏の白い面をメモ用紙として使う。使用済みの裏紙だとメモをどんどん書くのが気にならない。

　情報収集について後ほど述べるが、重要な記事は印刷し、線を引いたり書き込みをしたりすることをお勧めしている。インターネット上の記事を印刷すると多くの場合、記事の後に広告ページが数ページ出てくる。確認しながら本文のみ印刷するのは手間なので、ここで出てくるページを裏紙として使う。それ以外もいらなくなった紙の裏を使う。どうしても裏紙がなければ、500 枚で 250 ～ 300 円ほどのコピー用紙を購入して使えばかなり持つ。

「メモを毎日 10 ページ書く」理由は、平均で毎日 10 ページ書けば、その日に気になったこと、思いついたことなどをほぼ書き留められるという実体験による。ある日 20 ～ 30 ページ書くことは可能でも、10 ページを 1 週間続けることは普通の人にとってはかなり難しい。ならせば毎日 10 ページ、1 週間で 70 ページ、1 か月で 300 ページがいいところだろうと思う。これまで実に多くの方にメモ書きを勧めてきたが、毎日 10 ページ書き続けられる人は特に向上心の強い方に限られている。

「1 ページ 1 分で書く」理由は、そのくらいの速さで書くことが十分可能であるし、その速さであれば仕事上も生活上も負担にならないので継続しやすいからだ。

　最初は大変でも、実際やってみると誰でも書けるようになる。1 行の文字数も最初は 10 字程度だった方が 20 ～ 30 字書けるようになっていく。最初だけものすごく急ぐ感じだが、すぐ慣れる。思いついてさっと書けば書き留められるようになる。頭から湧き出る内容を漏らさずその場で書き留める感じだ。

何度か1分と制限せずに書いてもらったことがある。そうすると、すぐ2分でも3分でも経ってしまう。それでいて、1〜2行だったり、各行5〜10字程度だったりする。ゆっくりとした時の結果と1分で書いていただいた時の結果を見て、時間を余計にかけるよりは1ページ1分に制限する方がよいことを確信した。

　もしメモ書きは1ページ2分、といえば、皆2分で書くようになるだろう。その場合、ほとんど同じものを2分で書くようになる。つまり、生産性が半分になる。もっと下がるかもしれない。というのは、1分を意識してすごい勢いでメモを書くと、途中からさらに発想が広がり、思いがけない方向でのメモが書けてしまうことがよくあるからだ。急ぐことで無心の境地に近い感じになる。

　メモは自分が苦労せずに読める程度の字で書く。もともと自分のために書くものではあるが、部下のいる方であれば、メモにさっと書いてコピーしてミーティングで使用すると生産性がさらに上がる。チームへの指示等がより的確に、誤解のないものになる。パワーポイント等にして渡すこともちろんあるが、簡単なものは手書きでさっと何ページか書いて渡せば十分だ。ベンチャーや新事業では、これで生産性が相当上がる。

　メモはまとめてではなく、思いついたその瞬間に書く。朝起きてから寝るまで頭に浮かんだその瞬間にだ。電車の中、食事中を問わず、思いついた時、フレッシュな時に書き留めるようにすると、頭の回転がますますよくなる。したがって、事業のアイデア、ボトルネック回避策、営業活動、チームの強化策等についてよりよいアイデアが湧いてくるようになる。

　一方、何か気になることがあると、頭は確実に動かなくなるので、ともかく吐き出しておくとよい。

(4) ノートや日記、ワードなどではだめな理由

メモを書くと頭がすっきりし、どんどん考えが進む理由は、整理や体系化にエネルギーを全く使わないからだ。企画書や報告書を書く時、ほとんどの人はあれこれ悩み、どうしたらうまく伝わるかに多くの時間を使ってしまいがちだ。ところが、一件一葉のメモを浮かんだ順に書いていれば、**構造に悩む時間がゼロになる。**

それでいて、書き出したメモをツリー状に並べると、数分で構造化ができてしまう。

ノートに書くと、当然ながら後からの整理が全くできない。似たようなことを間をおいて書いた場合、整理のしようがない。無理にやろうとすると、違う色のポストイットを貼りまくることになる。10個くらいのテーマを整理しようとすると、ノートの端には各色のポストイットの山ができ、何が何だかわからなくなる。

日記帳も同様だ。日記帳は普通のノート以上に日付順なので、「自分の発想の歴史」、「発明日記」などに特別の愛着があれば別だが、普通はお勧めできない。整理が全くできないからだ。

パワーポイント、メモ帳、ワード、エクセル等を使っておられる方は多いが、頭の回転をよくする意味ではお勧めしていない。思いついた時に素早くメモを書き、図も入れるといったことが極めてやりづらい。文字だけならブラインドタッチの方が速いかもしれないが、図になると全くお手上げになる。書こうとする間に考えは消えていってしまう。

また、特に大きな問題として、無理に文字だけにすると、発想や表現の幅が狭くなる。思いつきをストレスなく吐き出す、という目的からは、メモ書きには到底勝てない。多分音声認識や電子ペーパーが普及しても同じ

だ。よほど訓練しないと書き言葉の正確さで話すことができない。また、文字の横に図を描こうとするとその瞬間にお手上げだ。

　Ａ６等のカードを使いたいという方もいらっしゃると思うが、スペースが小さいため端折って書こうとしてしまう。詳細かつ具体的に書く習慣が弱まる。発想が狭められる上、書いたものの整理がやりづらいことから、これもお勧めできない。

(5) メモの整理の仕方

　毎日10ページメモを書くと、2週間で140ページになる。これを放置すると収拾がつかなくなるので、5〜10個のカテゴリーに分け、クリアフォルダに入れることをお勧めしている。毎日寝る前にそのどのフォルダかに投げ入れるだけで整理は終わる。

　フォルダは右利きの方であれば、机の左端に積んでおく。よほど熱心な方でなければ数十センチには当分ならないので、積んでおいてもあまり問題ない。特別に厚いフォルダができそうな場合、途中でカテゴリーを見直すとよい。

　カテゴリーの見直しは、そのカテゴリーを2つのサブカテゴリーに分けるとしっくり来る。例えば、「マーケティング」というフォルダを作っていたとする。マーケティングのメモを大量に書いて、フォルダが特に厚くなりそうな場合、「マーケティングの今後の動向」と「マーケティングの実例」に分けるなどだ。

　メモを書き始めて1か月ほどで、フォルダも2、3回見直すと、頭も非常に整理されてくる。自分の考えることのカテゴリーが可視化されるからだ。その後は、仕事が変わるとか、状況が大きく変わらない限り、フォル

ダのカテゴリーは比較的安定して続く。

(6) メモから企画書をまとめる

これまで、メモは思いついたものをどんどん書き出していく、ということに終始していた。これをもう少し発展させると、企画書や報告書を書く際に非常に効率的に進めることができる。

まずは、企画や報告内容に関して思いつく端から数十ページのメモを書く。構造も順番も完全に無視して進めるのがよい。メモに慣れていると、30分で30〜40ページ、1時間で60〜70ページくらい書けるようになっている。

頭に浮かぶことを全部吐き出していくので、頭が非常にすっきりする。頭がすっきりすると、また新しいことが浮かんでくる。それをどんどん吐き出していく。

次に書いたメモをカルタ取りのように並べてみる。内容によって若干ツリー状にも並べてみる。それを見ながら新たに追加したり、2, 3ページを1ページにまとめたりする。そうやって整理を進める。整理しながら、総ページ数も50ページ程度には絞っていくとよい。

これを改めて大きなテーブルの上に広げていく。それを見ながら、表紙、目次、1〜5章など、構造化していく。そういう時、1ページに1分もかけない。目の前にある内容を構造に落としていくだけなので、もっと速くできる。そうすると、数十分で最終形の骨格に近いものができ上がっていく。

それを見ながらパワーポイントで一気に作成すると、数時間でアイデアを十分盛り込んだ企画書、報告書になる。通常、パワーポイント作成の時

間そのものは実は大したことがない。ところが何を書くのかで膨大な時間とエネルギーを使っている。

あれを落とさないようにしようとか、これとあれの関係はとか、頭の回転を遅らせるような要素は、数十ページのメモ書きと、書いたメモを机の上に並べて見渡すことでカットされている。

こういうやり方を普段から行っていると、いざ事業計画を書く際にも驚くほどの速さで書き進むことができる。頭が整理されているし、自力で整理するコツを身につけているからだ。

(7) メモの見返し方

書いたメモは3か月に一度見直すとよい。フォルダから取り出し、日付順に並べ替える。それを10分程度でさらっと読む。すべてのフォルダに関して同様のことをする。かなりよい内容が書いてあり、驚くはずだ。自分で書いたものであっても「なるほど、確かにそうだな」と思えることが非常に多い。

さらに3か月後、3か月の間に書いたメモを取り出し、同じく日付順に直して全体を読む。前回読んだ部分は2度目になるが、疑問点がほとんど解決していたり、考えがはるかに進んでいたりするので、「そりゃそうだろう」と卒業した気分になる。一段も二段も上に進んだ感じだ。

大した時間ではないが、こうやって3か月後、6か月後の二度読み直すと、自分の成長が手に取るようにわかるので、お勧めしている。それ以上読み直す必要は特にない。また数日前、あるいは前の週に書いたメモなどを改めて読み直すよりは、その時間で新たに書き直す方がよい。自分が納得できるまで5回でも10回でもそらで書き直すと、頭がはるかに整理される。

【 B. フレームワーク作成 】

　フレームワークとは、物事を整理するための枠組みで、通常は以下のように**2×2 あるいは 3×3 で整理**する。複数のアイデア、問題点がある場合、2軸で整理することで優先順位が明確になり、取り組みが進みやすい。フレームワークをすぐ書けるようになると、もやもやがあっという間に整理できる。

　フレームワークが特に威力を発揮するのは、何人かで議論している時だ。縦軸、横軸をまず合意し、その上で右上、左上、右下、左下に何が入るのかを話すと、皆が同じ視点で物を見ることができるようになる。

物事を明確に整理する「フレームワーク」

フレームワークの例

製品・市場の優先順位

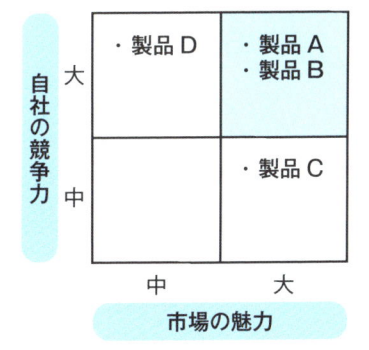

自社の競争力	中	・製品D	・製品A ・製品B
	中		・製品C
		中	大
		市場の魅力	

フレームワークとは

- **フレームワークとは、物事を整理するための枠組み**
- フレームワークの種類は多種多様で、課題に応じて最適の枠組みを考え、整理する
  - 縦・横で整理する
  - 基本要素を押さえる
  - 各要素の相互の関係が見える、等々
- 次ページのテンプレートで毎日6個作成する

　フレームワークに慣れるためには、「好きな食べ物」とか、「読みたい本」など、ちょっとしたことをこの2×2で整理するといい。「好きな食べ物」であれば、縦軸が「和食とそれ以外」、横軸が「主食とそれ以外」で切り分けて見る。「読みたい本」であれば、縦軸が「趣味の

本、勉強の本」、横軸が「買う本、借りる本」で切り分けて見る。

　縦軸、横軸の決め方は一種類ではなく、何種類もあり得るので、いくつか書いてみて、一番そのタイトルに合ったものを選ぶ。例えば、「好きな食べ物」であれば、縦軸が「麺類、それ以外」、横軸が「体にいい、体にあまりよくない」で切り分けることもできる。「読みたい本」であれば、縦軸が「日本の本、海外の本」、横軸が「日本語、英語」で切り分けることもできる。
「彼女にしたいタイプ」、「彼氏にしたいタイプ」などは自分の好みを整理すると、結構自分のことがよくわかるようになる。改めて自分について再認識するだけではなく、そこからどうアプローチすべきかまで見えてくる。

　Ａ４用紙を横置きにして、2×2のフレームワークを上下３個ずつ６個書き、毎日フレームワーク作成の練習をすると、数週間でびっくりするほど頭が冴えるようになるので、お勧めだ。

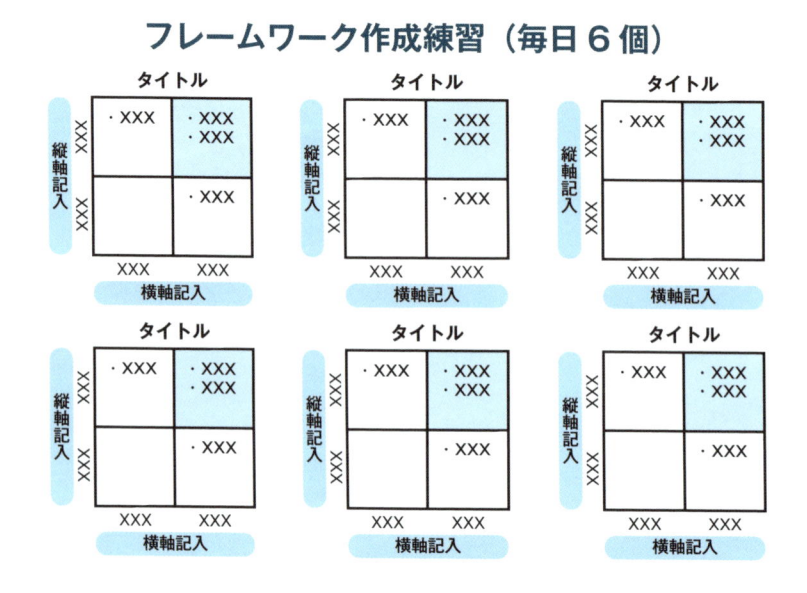

フレームワーク作成練習（毎日６個）

同じタイトルで上段に3つ、別のタイトルで下段に3つ書くようにすると、軸の選び方に関して多分一番効果的に成長する。軸の選び方は無数にあるものの、そのタイトルにフィットした軸とそうでもない軸がある、ということがこの結果よくわかり、フレームワークへの知見が深まるからだ。

【　C. ホワイトボード活用　】

最近はほとんどの会社にホワイトボードが設置されているが、うまく活用している人は少ない。大半は、ミーティングしながら他の人にはよく読めないような字で、適当に書き殴っている。もしくは、ちょっとした図を描いたり、またすぐ消したりと、ミーティングの他の参加者にとってわかりやすいかどうかよりも、書いている本人の自己満足であることが多い。

ホワイトボードを活用すると、チームでのアイデア出しや問題解決がものすごくうまくいく。何も書かずに進めるのに比べ、生産性が数倍以上になると言ってもよい。

　やり方は簡単だ。**左側に問題点、右側に解決策**を書いていく。
メンバーの発言を端折らず、できるだけそのまま書く。聞いたまま書く。メモ書きをしていると、これがうまくできるようになる。

書いたら、発言した人に「こういうことでしたよね？」と内容を確認すると、より正確に進めることができる。発言した人の満足度も高まる。満足度が高まると、リーダーに対してより協力的になりチームワークが強化される。

「聞いたまま書く」には、2つ大事な点がある。

一つは、ともかく徹底的に速く書くことだ。そうしないと到底追いつけない。徹底的に速く書くと言っても、他の人が見るので、比較的きれいに書く。修飾語なども評価を含む大事な部分なので、できる限り書く。

　もう一つは、誰かの発言を聞き終えてから書くのではなく、聞きながら書き始めることだ。これはかなり珍しいやり方のようだが、意識するとすぐできるようになる。やってみると、聞き終えてから書くのよりずっと楽だ。記憶する必要がないからだ。記憶しようとすると書き漏らすことが多いし、記憶しようとすることで、頭のキャパが使われてしまい、ディスカッションをダイナミックにリードしていくことが難しくなる。聞きながら書くので、端折ることもなくなっていく、という大きなメリットもある。

　ホワイトボードにちょっと書いては消し、書いては消す人がいる。これはお勧めできない。参加者側は何が何だかわかりづらい。特に経験の浅いメンバーはほとんど着いていけない。議論の結果も何も残らない。
　あるいはほとんど読めないほど汚く書く人も多い。本人は自己満足するが、参加者はほとんど読めず意味がない。よくわからなければ、発言も少なく、議論も深まっていかない。
　また、ホワイトボードを書記に書かせ、どんどん議論を進めていくリーダーもいる。一見スムーズだが、ホワイトボードを使って場をうまくリードすることができず、一方通行になりがちだ。メンバーの参加にも限界がある。

　お勧めは、その場で一番よくわかっている人（＝リーダーのはず）がホワイトボードの前に立ち、全体をリードしながら発言を促すやり方だ。発言はできるだけ文字通り書く。書いては確認する。そうやって進めていくことで、参加者は安心して全体像を頭に入れながら議論を進めることができる。

しかも、その議論が終わった時には、リーダーの手による非常にレベルの高い議論内容がホワイトボードに書かれていることになる。それを写真に撮って共有すれば、議事録も即作成完了だ。

　何より、議論内容が明確で誰でも発言できるし、ディスカッションの無駄がなくなる。蒸し返しもなくなる。うだうだと長く話しがちな人でも、発言内容が目の前で書き留められて的確に表現されていれば、満足する。

　なお、ホワイトボードは２人でのディスカッションでも効果的に使える。ホワイトボードの前に２人で立って課題や思いついた点などをどんどん整理していく。10分あればかなり書けるし、もし30分ほどかければ非常に深く議論できる。かつ議論の過程も明確に残すことができる。

　こういったホワイトボード活用を普段から進めていると、事業計画を短時間で作成し、深めることが非常に容易になる。共同創業者あるいは新事業チームの他のメンバーと、解決すべき課題、顧客セグメント、事業ビジョン、具体的施策等をホワイトボードをフル活用して整理することができる。

　ホワイトボードを使う際に一つ単純だが重要なことがある。
　それは、次ページにも書いたが、ホワイトボードの下半分に書く際は、**必ず椅子に座って書く**ことだ。そうすれば、字も曲がらずにきれいに書けるだけではなく、苦しい姿勢を取らずに書けるし、体がリラックスしている分、頭もフル回転する。

ホワイトボードの効果的な使い方

一般の会議・ミーティングで見られる問題点

- テーマによっては話がぶれやすい。それぞれが言いたいことを言って終わる
- 時間はかかるものの実際何も決まらず、誰が何をいつまでに実行すべきかはっきりしない。決めたと思っても漏れがある
- 論点のすれ違いを明確にできず、平行線のまま議論が続く
- 報告はでき、結論は出せても、本質的な問題解決につながらない
- リーダーはいいミーティングだったと思っても、チームメンバーは今ひとつ何が何だかわからない。情報共有したようでいてしていない、方針を出したようでいて、出していない

ホワイトボードを使う時起きる現象、難しさ

- ホワイトボードに書こうとしても、発言者の内容がよく理解できない（実際何を言いたいかわからないことが多い）
- ホワイトボードの前に立つと、何をどう進めたらよいか、よくわからなくなってくる
- 議論が発散するのでまとめようとしても、皆がついてきてくれない。皆言いたいことを言う

ホワイトボードの効果的な使い方

- リーダーが書く（書記を使うことはあまり効果的でない）
- その時、何を話す時間なのかをはっきりさせる。すなわち、議事進行をきちんと行う。ブレーンストーミングであっても、結論を確認する時間を作る
- 最初はまとめようとせず、話を聞いて書く……わかりにくい時は躊躇せず、また恥ずかしがらず聞き直し、簡潔に言い直してもらう
- 書いたものを指差して、言いたいことが表現されているか本人に確認する。他の人が話し始めていてもやんわり制止して確認し、積み上げていく方が効果的
- 論点がすれ違う時は、それを整理し、どこにギャップがあるかできるだけ図示する（ここでフレームワーク、ロジックツリーが生きる）
- 誰が何をいつまでにやるか、明確に決め、確認し、書く。検討すべきリスク項目なども明確にする
- ざわついた時は注意を促す。大きめの声で
- 左上に会議のタイトルと出席者、右上に日付を書く
- 複数の議題、トピックがあるときは、左上に小さく箇条書きしてから始める（場合によって時間配分も明記する）
- 印刷したときにはっきり読めるように、字の大きさ、読みやすさなど留意する
- 下半分は椅子に座って書く方が早い、きれい、落ち着いて判断できる

【 D. 日々の情報収集 】

問題把握・解決力を高める重要な柱は、日々の情報収集にある。普段から続けていれば、感度が高まり、発想も豊かになる。新しいアイデアも湧きやすい。世の中にどういう深刻なニーズがあるのか、それに対して他の企業はどういうアプローチをしているのか、どうやって解決したのか、あるいは解決し損ねているのかもわかる。

多くの方は何らかの情報収集をしておられると思うが、いくつかの問題がある。

> (1) ネットでの情報収集に時間を割きすぎて、その結果、本来の仕事があまり進まない
> (2) ネットでの情報収集に結構時間をかけているが、大事な情報が抜けていることがよくある
> (3) ネットでの情報収集に気を取られすぎて、いつもこれでは不十分だと気になり続ける
> (4) ネットでの情報収集の大事さはわかっているが、実際はしたりしなかったり徹底しない
> (5) ネットでの情報収集は比較的熱心かつ適切に行うが、人からの情報収集が不足

という方をよく見る。以下、より詳しくご説明する。

(1) ネットでの情報収集に時間を割きすぎて、その結果、本来の仕事があまり進まない

こういう方は、非常に多いはずだ。熱心であればあるほどもっと調べなければと思い、有用そうな情報もネット上で多く得られるので、やめるこ

とができない。

　情報収集は手段にすぎないのに目的化してしまい、大半の時間を費やしている。ほとんどネット中毒と言ってもよい。それでもやめられない。

　本であれば、読み終えれば次の本を買うか、図書館に行って借り換えなければならないため限度があるが、ネット情報は無限にあるため、止めるのに苦労する。

(2) ネットでの情報収集に結構時間をかけているが、大事な情報が抜けていることがよくある

　こういう方は、(1) の亜流だ。時間をかけてはいるものの、最新の方法を使いこなしていなかったり、体系的な工夫が足りなかったりするため、投入時間の割に押さえておくべき情報を知らずに進めることがある。大変にもったいないし、大失敗にもつながる。

　これが続くと、自分の情報収集力に自信がなくなり、結果として仕事への自信もなくなってくる、という結構深刻な副作用もある。

(3) ネットでの情報収集に気を取られすぎて、いつもこれでは不十分だと気になり続ける

　こういう方は、ネット中毒予備軍だ。情報収集は、右に行くべきか左に行くべきかの指針を得ることが大事であり、指針さえ得られれば、後は自分で実際に行動してみればよいし、行動しなければ何も起きない。

　情報収集は、それにより進むべき方向に少し目安をつけることが目的なのに、不安を募らせるのは完全に本末転倒だ。不安を募らせ、いつも不全感がある。

(4) ネットでの情報収集の大事さはわかっているが、実際はしたりしなかったり徹底しない

　こういう方は、時々目をつむって車の運転しているようなものだ。「高

速道路だし、直線だし、3、4秒くらい、ま、いいか」という運転では非常にまずいように、最新情報を調べ続けないで走ると、世の中で何が起きているのか部分的にしか把握できず、競合について知らなかったり、AppleやGoogleの新方針への対応が遅れたりする。

(5) ネットでの情報収集は比較的熱心かつ適切に行うが、人からの情報収集が不足

こういう方は、ネットでの情報収集についてはよく研究して、ほどよく活用しておられることが多い。常に最新情報にも通じており、知識も豊富だ。ただ、こまめに勉強会に参加したり、そこで出会った人に後で会って情報交換・意見交換したり、友達を紹介して輪を広げたりが苦手なため、ネットに上がらない生の情報、ネットではわからない大きな動向等をつかみ損ねることがある。

そのため、せっかくのネットでの情報収集に濃淡、優先順位をつけづらく、本来の目的であるアクションにはつながりにくくなる。

という問題点を抱えている。

情報があふれているからこそ、情報収集をどう効率よく実行するのかが重要になった。そして、情報収集に時間をかけすぎず、個々の情報と全体観の両方を持ちながら、適切にアクションに結びつけることが大きな差を生む時代になった。

ところが、情報収集について丁寧に教えてくれるところがほとんどない。学校ではまず教えない。学校の先生自体、世の中と距離があり、情報感度が低い可能性がある。少なくとも、教師としての仕事以外、経験がないので、中々教えられない。

会社の上司は、部下の生産性が格段に上がるので情報収集について絶対

に教えるべきだが、ITが苦手だったり、本をそれほど読んでいなかったり、情報感度が低かったりという理由により、教えることが中々できない。彼らの上司はほとんどIT世代ではないので、教えられた経験もない。

　教えられなかったら、自分たちの後輩に同じ思いをさせまいと必死に研究して実践し、教えられるようになればいいだけの話だが、そういう気概のある上司は数えるほどだろう。少なくとも、私がこれまで接してきた日本の一流大企業の方々でも、この問題に関して何ら光りは見えない。

　そこで、言われてみれば多分誰にでもできるはずの、比較的やさしく、しかも有効な方法をお勧めしたい。

　すでに全部やっておられる方は情報収集力については十分なので、メモ書き、フレームワーク作成、ホワイトボード活用など、問題把握・解決力強化に関するそれ以外の項目をぜひ頑張っていただきたい。

　また、もっとよい方法があれば、ぜひ私あて（akaba@b-t-partners.com）にご連絡いただけると非常に嬉しい。

　お勧めの方法とは、

> (1) Gunosyなどのキュレーションツールを活用
> (2) Googleアラートに関心のある言葉を20〜30個登録
> (3) 毎朝記事配信をしてくれるメルマガを4〜5個登録
> (4) Facebookのタイムラインを活用
> (5) Twitterのタイムラインを活用

し、毎朝・毎晩自宅での30分ずつに限定し、関心のある記事を一気に読んでいくことだ。

◆**情報ソース**

(1) 〜 (5) を一つひとつ説明していきたい。

(1) Gunosy などのキュレーションツールを活用

精度が比較的高いキュレーションツールが増えてきた。キュレーションツールは、自分の関心のある記事を毎朝メールマガジン形式で配信してくれる。どの記事を読んだかによって、より関心に近い記事が選ばれるので、だんだんと使いやすくなる。

キュレーションツールとしては、Gunosy の使い心地がよいので愛用しているが、新しいサービスも続々出るので、常に最適と思うものを使えばよい。

若干の問題は、キュレーションツールの機能がやや画一的だったり単純であるため、だんだんと自分の好みの記事のみ送られるようになることだ。自分の世界が広がりにくく（＝自分の関心のある分野の記事のみを読む）なったのを感じる。

(2) Google アラートに関心のある言葉を 20 〜 30 個登録

Google アラートは、関心のある言葉、関係のある会社・サービス、競合企業・サービスを登録しておくと、その言葉を含む記事を毎朝配信してくれる。

キーワード登録が大変簡単で、毎朝確実に配信してくれるので、重宝している。新しい分野に関心を持ち始めた時はまず登録するとよい。

英語スピーキング練習用アプリの場合であれば、「英語学習」「英語スピーキング」「スピーキング」「スピーキング練習」「英語発音」「発音矯正」、タクシー予約アプリの場合であれば、「タクシー予約」「タクシー配車」「道路混雑」、つけ爪 EC サロンの場合であれば、「つけ爪」「つけ爪通販」「つけ爪サロン」「ネイル」「ネイルのおしゃれ」などになる。

(3) 毎朝記事配信をしてくれるメルマガを4〜5個登録

　関心のある分野の記事を大量に書いているブログ・ニュースサイト等に出会うことがよくあると思う（もしなかったら、関心のある分野の記事をもっとよく読むようにする必要がある。必要量に多分足りていない）。

　そういったブログ・ニュースサイトには、多くの場合、メルマガ配信向けの記入欄があるので申し込む。通常はメールアドレスを入力するだけなので、2，3秒ですむ。情報提供をビジネスとしている会社の場合は、名前、興味の範囲等の入力が要求される場合があり、若干のリスクがないわけではないが、私はそこまで気にしていない。利便性の方を取っているが、少なくともこれまで大問題に遭ったことはない。

　登録すると、毎朝あるいは週次などでメルマガが送られてくるので、これはという記事を漏らさず、かつ遅れずに見つけることができる。

　ただ、登録すると登録削除がやや面倒な場合があるので、5〜6個注意しながら加えていく。

(4) Facebookのタイムラインを活用する

　Facebookに関しては、すでに国内ユーザーが数千万人になり、コミュニティインフラとして確立している。好き嫌いがあるとは思うが、ITやベンチャー関係の人の利用率は非常に高いので、Facebookを使わないとかなり不利になった。

　この方向は当分止まらないので、Facebookの利用をまだ躊躇しておられる方も、ベンチャー創業、新事業立ち上げを志すならばぜひこの際、登録することをお勧めしたい。10代のユーザー離れやLINEの急成長等、Facebookにネガティブなニュースも見られるが、本書を読んでおられる方には十分使いでがあるし、使わないとあまりにももったいない。

　Facebookを友達とのネットワークとは思わない方がいい。もともとはそういう発想であったが、少なくとも日本ではもっとビジネス向けの使い方がかなりされている。ビジネス上の知り合い、若干親しみを覚える程度

の友人がかなり緩い形でつながっているのが日本のFacebookだ。

　mixiがだんだんと廃れ、LinkedInが日本語対応しないうちに、Facebookの立ち位置がそういった形になったと私は理解している。

　最近は、情報収集やネットワーク作りにセミナー・勉強会に参加し、懇親会で少し打ち解けた程度の人からも、Facebook友達申請が来る。「まだ友達じゃない」と思う気持ちはよくわかるが、相手の方が親しみを感じている場合もあるし、上記のようにビジネス上の緩い関係をうまくつなぐ格好のインフラなので、あまり目くじらを立てずに使いこなせばよいと考えている。

　また、メールではなくFacebookメッセージのやり取りですませる人も増えてきた。最近はLINEが急成長しているが、ビジネス上はまだまだFacebookが主流だ。Facebookでつながり、日々のちょっとした会話、やり取りはLINEで、という流れもある。

　情報収集という点では、多くの人がFacebookに有用記事を投稿するので欠かせない。キュレーションツールとして有効になった（LINEがFacebookを超えるメッセージングツールになりつつあるが、キュレーションツールとしてのFacebookの有用性は当分変わらない）。

　Facebookは、自分も積極的に有用記事を投稿したり、シェア（タイムラインに流れてきた他の人の投稿を自分が改めて投稿し、タイムラインに流すこと）することが存在感を高め、情報が集まってくる可能性を高める。

　Facebookの活用方法で一点補足をしておきたい。こういった形でFacebookを活用するには、「Facebook友達」が少なくとも100名、できれば数百名以上いることが前提となる。有用記事を投稿してくれる「Facebook友達」がある程度以上いないと、キュレーションツールとしては機能しないからだ。この場合、有用記事は彼ら自身の投稿もあれば、彼らがシェアした彼らの「Facebook友達」からの記事もある。そうすればFacebook友達が一人平均200名とすると200名の二乗で4万名がよい

と考えた記事が続々と流れてくることになる。

　勉強会、交流会、セミナー等に積極的に参加し、Facebook友達を増やしていけば1年以内に100～200名程度は確保できるので、キュレーションツールとして実用上使えるレベルになる。

(5) Twitterのタイムラインを活用する

　TwitterはFacebook同様に普及しており、コミュニケーションのインフラとして定着している。10～20代では、メールの代わりにTwitterでのやり取りですませる人も多いくらいだ。他の人が見ることなど気にしていない。

　Twitterも、キュレーションツールとして有効で、フォローしている人から流れてくるツイートタイムラインには多くの有用記事がある。そのためには、自分が関心を持つ分野で熱心にツイートしている人や、関心あるキーワードをTwitterプロファイルに書いている人を検索（Twpro検索）してフォローして、自分にとってのキュレーター役を獲得する。

　キュレーションツールとして機能させるには、Twitterのフォローを数百名しておく必要がある。

　Facebookと同じく、自分も積極的に有用記事を発信したり、RT（リツイート：他の人のツイートを自分が改めてフォロワーに向けて発信すること）することが存在感を高め、情報が集まってくる可能性を高める。

　上記（1）～（5）の工夫により、注意していないと30分があっという間に過ぎるほど、関心分野の有用記事が続々と送られてくる。ただ関心分野というだけではなく、いかにも面白そうな、読まないわけにはいかないようなタイトルと本文の記事が大量に送られてくる。

◆毎朝・毎晩自宅で30分

　あえて毎朝・毎晩自宅で30分というのは、日中は会議をしたり、必要

な資料を作成したり、顧客・ユーザーインタビューをしたり、提携交渉したりで忙しいからだ。ゆっくりネットで情報収集をする時間は中々取れない。取れたとしても取っている場合ではない。ネットからの情報収集は朝起きてすぐの歯磨き、夜寝る前の歯磨きのように時間も含めて習慣化することをお勧めしたい。

　毎朝・毎晩自宅で 30 分と時間を決めて読み終える。時間を決めて対応することで、情報洪水の中で溺れない方法、特に優先順位のつけ方を身につけていく。

　就寝前の 30 分は、タイムライン等からの記事に加え、あれと思ったり、ちょっと気になっていたり、今日わからなかったりした言葉をこまめにネットで検索し、次々に読んでいく。これが頭と気持ちの整理に役立つ。

◆ PC の利用

　自宅では PC の利用をお勧めしている。なぜならば、画面が広い分、明らかにその HP 全体を見渡しやすく、過去の人気投稿等にも目がいきやすい。また、良記事のブックマークや保存・整理がスマートフォンよりも確実にやりやすい。よい内容を投稿したりメールで友人・チームに報せることも PC でなければ手間がかかる。印刷も同様だ。

（1） スマートフォンより PC の方が有利な理由

　読みやすさと総合的な生産性を考えると、スマートフォンより PC の方が確実に速く、再利用もしやすくなる。再利用というのは、最重要記事はチーム内ですぐ共有するとか、触発された考えをパワーポイント 1 ページに作成するとか、最も重要な部分を印刷して書き込みをしメモと同様に保存しておくとか、PDF やパワーポイントなどの他の資料と一括管理するとかなどだ。事業計画を書き、実行し、経営するための普段からの基本動作としては PC 利用が不可欠だと考えている。

スマートフォン、タブレットを使いだしてからは自宅でもPCを使わなくなった、開かなくなった、という人が時々いるが、少なくともベンチャー創業を考えたり新事業を考えたりする人にとって、かなり生産性を落とすので、私はお勧めしない。大きな成果を上げたいと思う人にとっては、当分、PCによる生産性の高さは捨てられないと私は理解している。

(2) 印刷について

印刷について一言言っておきたい。紙をもらっても困るとか、資源の無駄使いだということでいっさい印刷をしない会社、チーム、個人が出始めていると思う。大筋においては同意するが、相手に効果的に伝えるためには、印刷をした方が効果的な場合がまだあるし、自分の勉強のためには印刷をし書き込みをし、持ち歩く方が効果的な場合がまだある。メールすら中々返ってこない業界もまだまだある。これからの事業機会においては、リアル世界とネットとの連携が重要なキーワードなので、柔軟に考えたい。

(3) 通勤・通学時間は読書等に

通勤・通学時間が長く、有効利用したい場合でも、情報収集の大半は自宅のPCですませ、通勤・通学時間はなるべく軽めの読み物を読んだり、他の時間は中々割きづらい電子書籍等を読むことに当てたりする方がよいと考えている。読むべき電子書籍、書籍は多数あるし、上に述べたようにネットからの情報収集は、朝、夜自宅で実施する方がはるかに生産性が上がるからだ。

◆生産性を上げる検索

(1) 興味に基づき検索する

例えば「収益モデル」という言葉が気になったら、その言葉で検索する。そうすると、下記のように664万件ヒットする（2014年3月20日現在）。

上から面白そうな記事をどんどん読んでいけばいい。それだけのことだが、毎朝・毎晩30分ずつ続けると、1か月以内に別人のように賢くなっているはずだ。自分の興味本位で読んでいけばいいので、楽しくて仕方ないと思う。

> Google 収益モデル
>
> ウェブ　画像　ニュース　ショッピング　地図　もっと見る▼　検索ツール
>
> 約 6,640,000 件 (0.19 秒)
>
> 他のキーワード： facebook 収益モデル　twitter 収益モデル　line 収益モデル
> youtube 収益モデル　フェイスブック 収益モデル
>
> **収益モデル** - Biglobe
> www5e.biglobe.ne.jp/~muraryo/page150.html ▼
> **収益モデル**。**収益モデル**を形式知として15個理解していただき、それに基づいてビジネスモデルを強化していただきます。トップへ、戻る。
>
> **収益モデル**とは - 日本語表現辞典 Weblio辞書
> www.weblio.jp › 辞書・百科事典 › 日本語表現辞典 ▼
> **収益モデル**とは?日本語表現辞典．読み方：しゅうえきモデル 事業において収益を得る仕組み、どのようにして収益を得るかといった構造、などを指す語。ビジネスモデルとも呼ばれる。
>
> **収益モデル**の英語・英訳 - 英和辞典・和英辞典 Weblio辞書
> ejje.weblio.jp › 英和辞典・和英辞典 › 英日・日英専門用語 ▼
> **収益モデル**を英語に訳すと earnings model - 約972万語ある英和辞典・和英辞典。発音・イディオムも分かる英語辞書。
>
> WordPressをどうお金に変える？**収益モデル**の分類・事例と…
> wp-d.org/2013/02/12/2544/ ▼
> 2013/02/12 - 制作会社においてもっとも一般的な**収益モデル**だと思います。このモデルの場合…

(2) ブラウザ

ブラウザは、GoogleのChromeの検索スピードが一番速くストレスがない。好みはいろいろあるが、Chromeにしておけばまず間違いない。ブラウザを使いやすくするプラグインの種類も豊富で、進化のスピードも速い。

(3) 生産性を上げる検索のコツ① 表示件数を100にする

Chromeで検索すると、右上に歯車が出てくるので、これをクリックし「検索設定」をクリックする。「ページあたりの表示件数」がデフォルトで

は 10 なので、これを 100 にする。

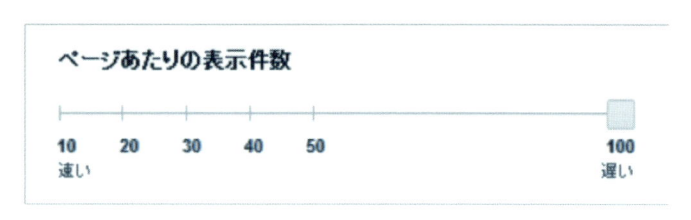

10 件のままだと、検索してもよい記事に出会わないことが多い。さらっと見て、「あんまり面白くないな」「役に立たないな」で終わってしまう。ページ下に「次へ」があるが、これをクリックし次のページまでわざわざ行くのは面倒なので、ついやらずじまいになってしまう。

ところが、表示件数が 100 だと、クリックの必要なく、よい記事に多数出会えるので、見逃すことが減り、興味がさらにかき立てられる。

ちなみに、こうやってよいブログ記事に出会った時、私はその著者の過去記事をほぼ全部読むようにしている。よい記事を書く著者は、不思議なほどほぼ常によい記事を書く。宝物に出会ったようで、すごく得をした気分になる。

(4) 生産性を上げる検索のコツ② 新しいブラウザウィンドウで開く

もう一つのお勧めは、同じく検索設定で、「結果ウィンドウ」の「選択された各結果を新しいブラウザ ウィンドウで開く」にチェックを入れ、保存することだ。

こうすれば、クリックした際に別のウィンドウが開くので、読み終えた

後 Ctrl+W（Windows の場合）で閉じても他の検索結果を続けて見にいくことができる。ちょっとしたことだが、そうしないと、うっかり閉じた時、もう一度検索しないといけないので続きを見るのをやめてしまう。

上記の工夫で毎日朝晩 30 分、記事を読んでいると、よくわからなかったこと、少し関心があったことへの理解が深まり、また周辺のより重要なトピックへの関心が広がる。世の中がどんどん見えるようになるし、感度が上がるので、事業計画を書こうとした際に内容が圧倒的に豊富になる。

知識量と問題把握・解決力は本来少し別だが、何にでも関心を持ち、知的好奇心を常に満たすようにしていると、頭がどんどんよくなる。間違いなくそういう実感がある。

多分感度が上がることと、引き出しが増えることが大きな要因だと思う。楽しみながら、どんどん賢くなりながら世界がよりクリアに見えるので、事業計画を書く準備として不可欠だ。

【 E. 何でも相談できる相手を確保 】

毎朝・毎晩の 30 分ネットで情報収集するだけでは、まだ足りないことがある。

それは生身の人間だ。知見と洞察力のある方からの刺激は、何ものにも代えがたい。

自分と**同い年、5 年先輩、10 年先輩、5 年後輩でそれぞれ最低 2 人、何でも相談できる相手を見つけておく**と視野が大いに広がり、情報収集力、現場感、判断力が大いに強化される。

具体的には次のようにして相談相手を見つけるとよい。

まず、各年代でそれぞれこれはという人 6, 7 人ずつをピックアップし、

アプローチする。同じ会社だけではなく、外部の方、なるべく違う立場の方も含める。

こちらが普段まともに接している状況で、「一度食事しながらお話しさせてください」とお願いすれば、よほどのことがない限り、4，5人は受けてくれる。すぐには無理でも数か月以内には実現する（ほとんど受けてもらえない場合、自分の生き方、人への接し方、仕事の仕方を振り返る必要がある）。

4，5人と個別に食事の機会ができれば、2，3人とは話が弾み、意気投合できる。相手が5年、10年先輩でも、こちらが熱心であれば、心配しなくてもそれなりに楽しく感じてくれる。ネットからの情報収集や、この本に書いてあるような活動をしていれば、こちらからも十分貢献できる。

そうやって見つけた相手には、半年に一度、最低でも1年に一度、食事か何らかのミーティングをして最新状況をご説明しておく。助言に基づいて取り組んだ結果、こういう変化、成果があった、ということをお伝えすれば、喜んでくれる。

それ以外に、数か月に一度はメールで相談するとよい。私は何か知りたいことがある場合、ほぼ同文で何人にも依頼することがある。もちろん失礼にならないように、ある程度はご挨拶や近況報告を書くが、本文はほぼ同文に近い。例えば、「電子書籍はどういうスピードで伸びていくと思いますか？」だったり、「HTML5はいつ頃本格的に普及すると思いますか？」だったりする。

「何でも相談できる相手」には2つ条件がある。こちらとのやり取りを相手がある程度歓迎してくれることと、メールでの返信が速いことだ。こちらから相談するのになぜ歓迎してくれるかと言えば、こちらが真剣に何かを考えていたり、勉強しようとしたりしていることが伝わり、応援しよう

という気持ちになるからだ。

　元々、食事に誘った段階で、ある程度よい関係にある。食事をしながら盛り上がったということは、相手もこういうやり取りを喜んだことになる。その上で、時々近況報告をしたりしながら真剣なメールを送れば、十中八九真剣に答えてくれる。人は相談されることが嬉しいからだ。もちろん、こちらが真剣でなく、アイデアのただ盗りを意図していれば、すぐ見抜かれる。そもそもこういう関係が成立しない。

【 F. アンテナを高く上げる工夫 】

　ネットで情報収集をし、相談できる相手を確保して相談した上で、さらに必要なことがある。それは、普段からアンテナを高く上げる工夫を続けることだ。アンテナを高く上げるとは、感度を上げ、何にでも問題意識を持ち、自分の頭で考え続けることを指す。

　いくつかある。例えば、

> (1) 勉強会やセミナーに参加する
> (2) 勉強会やセミナーの懇親会では名刺交換をし、おもだった方にはその日にメールを出す
> (3) どういう機会で誰にお会いし、輪がどう広がっていったかを記録する
> (4) 展示会に行ってみる
> (5) シリコンバレー等にも行ってみる
> (6) 勉強会、セミナー等で機会をとらえて発表・講演する

などだ。どういった努力をするかでアンテナをより高く上げることができるだけではなく、自信もつき、好循環が始まることになる。下記で具体的に説明する。

(1) 勉強会やセミナーに参加する

　東京、大阪を中心に勉強会やセミナーが無数に開催されている。参加すると最先端の情報に接するだけではなく、同じ関心を持つ人、関連企業の人に多数出会うことができる。

　強い関心を持つテーマであれば、地方からでも月一回程度は東京、大阪、京都、名古屋、福岡、仙台、札幌等での勉強会、セミナーに参加する方がいいし、お住まいの地域でそういった勉強会やセミナーがない場合は、有志を集めて自ら立ち上げるくらいの熱意がほしい。

　勉強会やセミナーを主催し、講師を呼べば、交通費程度で来てくれる人は多い。メリットは、主催者が一番刺激を受け、人脈も広がることだ。勉強会・セミナー主催にはFacebookイベント、PeaTix等を使うと効果的に集客できる。

(2) 勉強会やセミナーの懇親会では名刺交換をし、おもだった方にはその日にメールを出す

　勉強会やセミナーの多くは、1～2時間の懇親会がある。私は懇親会には必ず参加するようにしている。

　講演を聞き、資料をもらったらそそくさと帰るというのは、愚の骨頂だ。私は長らく、こういった懇親会では、毎回15～20名の方との名刺交換を必ず行ってきた。名刺交換だけではなく、少しお話をしてこれは、という方にはかなりの時間話をするし、その日にメールを出す。

　簡単な自己紹介と共通の関心事に対するコメントを書く。多くの場合、メールの末尾にはミーティングのお願いをした。その結果、比較的多くの方にお会いすることができた。こちらが真剣だと相手にも気持ちが伝わるので話は弾むし、これはという方をさらに紹介していただいたり、別の勉強会に招待をしてくれたりすることが多い。

　そうやってネットワークがどんどん広がり、アンテナはどんどん上がっていく。

(3) どういう機会で誰にお会いし、輪がどう広がっていったかを記録する

　私は、どういう機会で誰にお会いし、その後いつミーティングをしたか、どういうふうに輪が広がっていったかを全部記録している。それを見ると、自分の努力の積み上げが目に見える。もっとやろうという気になる。

　ねらっている分野で輪が十分広がっていない場合には、もっと広げていこうという気にもなる（これに限らないが、問題発見・解決力を強化したり、成長し続けるには、こういうちょっとしたやる気向上の工夫をどれほどやり続けるかが鍵になる。人は誘惑に弱いからだ）。

(4) 展示会に行ってみる

　国内で言えば、東京ビッグサイトや幕張で大規模な展示会が年間数十回以上開催されている。ファッション、IT、教育、マーケティング、アニメ、おもちゃ、食材、家電、自動車、新素材、太陽光発電等、実に幅広い。

　展示会に行けば、その分野の全体像がわかり、業界のこれまでと今後の動向も手に取るようにわかる。頭を悩ませなくても、こういう場に参加するだけでアイデアが3つも4つも出てくる。

(5) シリコンバレー等にも行ってみる

　ただし、国内だけにいると感度が鈍くなる。ベンチャーや企業の新事業担当の方は、年1～2回海外、例えばシリコンバレー、北京、ソウル、ジャカルタなどに行って現地の人やベンチャーに触れることが大切だと考えている。

　スマートフォンアプリ、B2B、クリーンテックなどのカンファレンスに参加すると、場合によっては世界観が変わることもある。国を超えてネットワークも広がる。数日休暇をとって数万円から十数万円でできることなので、意識してアンテナを高く上げる努力をすると楽しい。

　頑張って取り組むべき課題が見えてきて、ひたすら楽しい活動になる。もっともっと知りたくなる。

(6) 勉強会、セミナー等で機会をとらえて発表・講演する

　勉強会、セミナーに参加すると、最初は聞くだけだが、発表の順番が回ってくることがある。その時、興味を持ち始めたばかりでも構わず発表を引き受けるのがよい。

　メモを普段からたくさん書いていれば、他の人が驚くような発表をあまり苦労せずにできるようになる。そうすると、その発表を聞いた人がまた別の勉強会、セミナーで発表してほしいと依頼してくるようになる。そうなると、ネットワークがどんどん広がるし、そのたびに苦労せず新しい刺激を受けるので、成長が加速されてくる。

　ちなみに、直近で関心を持ち始めたテーマに関して勉強会等で発表する場合、お勧めの方法は、以下の通りだ。

(a) まずネットで100個以上の記事を読み、
(b) 大事なものはすべて印刷し、
(c) 特に重要な部分に線を引き、
(d) そこから目次を作る。
(e) 相談できる相手が何人かいる場合、メールで質問を投げておく。
(f) それらを合わせて、20ページくらいのパワーポイント資料をメモの要領で書く。各ページに4〜6行でメッセージを書いていく感じだ。20ポイントくらいで書くと、あっという間に埋まる。
(g) 関連サービス等はそのまま画像として貼り付ければ、わかりやすい説明ページが1分もかからずできる。
(h) ネットで読んだ記事のタイトルをそのまま切り貼りするのも、トレンドを示したりする際にはかなり有効だ。
(i) 全体が一応でき上がったら、10〜20回全体を流しながら構成を少し変えたり、文章を編集したりする。
(j) プレゼンを意識しながら何度も何度も直すと、比較的短時間の間に結構わかりやすい資料ができる。

7日で事業計画を作ろうと思うほどの人には、普段からこのくらいやり続け、準備をしておいてほしい。

【 G. 問題把握・解決力を高くするための基本姿勢 】

問題把握・解決力を高くするための基本姿勢について、いくつか説明したい。ここでいう問題把握・解決力とは、

> あいまい、複雑、流動的な状況下で問題・課題を的確に把握し、大局的見地から現実的な解決策を立案、説得、納得していただき、実行する総合的能力

だと考えている。

要は、問題が起きたらすぐ解決できることだ。問題が起きなくても、起きそうな問題を事前に把握し、うまくいくようにすることだ。あるいは新しい活動を始める時、現状を整理して最善の手を打っていくことだ。これは誰にとっても重要であるし、部下が一人でもいるリーダーにとっては必須のスキルになる。

問題把握・解決力と言っても、「100%完全な答え」などないので、仮説を立て、走りながら検証していくことが大切だ。その意味で、現実的な視点が大変重要になる。

また、全力疾走していても、周囲の状況変化を把握し、柔軟に方向修正できることも鍵になる。ほとんどすべての問題は、刻一刻と変化している。関係者の関わりも変わっていく。したがって柔軟な方向修正ができないと古い話に基づいて遅ればせながらずれてしまった解決策を進めようということになる。結果は推して知るべしとなる。

個人の力には限りがあるので、他人を巻き込めるスタイル、方法論を持ち、使えるものはフルに活用して走れることも重要だ。

さらに、本人が先頭に立ってリードする場合、プロデューサーとして企画し仕掛けていく場合、補佐役としてリーダーを支援する場合など多様なスタイルがあり、立場、タイミングによって使い分けることが必要になる。

問題把握・解決力とは

あいまい、複雑、流動的な状況下で問題・課題を的確に把握し、大局的見地から現実的な解決策を立案、説得、実行する総合的能力……すべてのリーダーにとって必須

- 「100％完全な答え」などないので、仮説を立て、走りながら検証していくことができること
  全力疾走していても、周囲の状況変化を把握し、柔軟に方向修正できること
- 個人の力には限りがあるので、他人を巻き込めるスタイル、方法論を持ち、使えるものはフルに活用して走れること
- 本人が先頭に立ってリードする場合、プロデューサーとして企画し仕掛けていく場合、補佐役としてリーダーを支援する場合など、多様なスタイルがある……立場、タイミングによって使い分けることも必要

◆ **問題把握・解決力は日々のトレーニングで鍛えられる**

問題把握・解決力を鍛えるには、徹底的に自分の頭で考え抜くことが大前提だ。練習によって、いくらでも鍛えられる。上に述べたメモ書き、フレームワーク作成がまさにそれだ。これは筋力トレーニングと一緒で、私は「頭は筋肉」だと考えている。鍛えればいくらでもよくなる。

また、何ごとにもとらわれず、自由な心で、あるべき姿をまず描いてみることも重要になる。そうしなければ、スケールの大きい、本当に正しい答えを導くことができないからだ。現実の制限に目を奪われ、矮小化された答えしか思いつかなくなる。部分最適解しか考えないので、全体最適化ができず、期待される結果を出せないことになる。

仕事のできる人は皆、常に仮説思考をしている。

仮説思考とは、「これはこうかな」とおおよそ自分の考えを持つこと、持とうとすることを言う。

仮説思考が身についている人は、何事にも意見をかなり明確に持っている。朝起きてから歯を磨かないと気持ち悪い、というくらいに仮説を持つことが自然体で行われている。

別の言い方をすると、ぼけっとしている時間があまりない。いつも好奇心が働いてあれこれ調べたり、考えたりしている状況だ。アンテナが常に高く上がっているとも言える。

仮説思考の人は、仮説を持っているが、人の話を聞かないのではなく、聞いた瞬間、必要に応じそれまで持っていた意見を即座に修正することができる。思い込みとか、頑固というものとは全く別物だ。

仮説思考ができる人は常に仮説構築、検証、仮説修正、検証というステップを電光石火に回している。考えを持って事に臨んだり、インタビューしたりするので、無為に時間を過ごすことがない。方向修正にも何の躊躇もない。

効果的な問題解決のための考え方・スタンス
ゼロベース思考

- 本来どうあるべきか、徹底的に考え抜く
- 組織内の暗黙の前提条件、制約条件、および自らの利害関係を意識してリストアップし、取り払って考えてみる
- 「日本の常識は世界の非常識」ということを肝に銘じ、日本人以外との積極的な接触・意見交換を図る
- 「青くさい」、「単に過激な」、「現状を無視した」やり方は未熟。そうではなく、深い現状理解と大胆な発想で、あるべき姿と達成までの現実的なステップを描くこと

▼

- 最初は不快に感じることも
- 慣れてくると、大変快適
- 自助努力だけでは困難

さらに、重要なことはすべて深掘りをすることだ。仮説を立てたものの、納得するまで「なぜ」を繰り返し、人に聞いたこと、新聞・雑誌・ネットで読んだことを根本から疑い続ける。「人を疑う」ということではなく、すべて自分で咀嚼し、必要に応じ調べ、「なるほどね」と思うまで考え続けることだ。これがほぼ「分析力」と「独創性」のすべてになる。

真実の探求 . . . 深掘りの重要性

納得するまで、「なぜ」を問い続ける . . .
これがほぼ「分析力」と「独創性」のすべて

- なぜそうなの？
- なぜ？
- なぜ？
- なぜ？
- なぜ？

どんどん掘っていく

「岩盤」に達したらストップ

ポイント
- いやがられても、無理矢理にでも「なぜ」を5回続ける
- 簡単そうだが、相当の努力が必要 . . . 問題意識と好奇心がきわめて強くないと、質問が続かない
- 考える訓練として格好の場となる

　人から聞いた話を鵜呑みにし、自分の頭で考えない人は、新しい事業を始めると非常に危険だ。あまり物事を考えず、理解も浅いので、話をしていて不安になる。人の話を素直に聞くことと鵜呑みにすることは別物だ。この点にあまり自信がない人はこの違いに関してメモ書きを10ページ程度して、違いをはっきり認識していただきたい。

　鵜呑みにしないためには、聞きっぱなしにするのではなく、「なぜそうなのか」何度も聞き返す必要がある。質問すれば、通常はどんどん説明してくれるし、理解が深まっていく。

ただ、「なぜ」を繰り返す際に注意すべき点がある。よくわからないから質問するわけであるが、「もっとちゃんと説明しろよ。頭悪いな」「おまえ、実は何もわかっていないな」「真実は違うんだよ」「もっとしっかり考えてから説明してくれよ」と思いながら質問しては絶対にだめだということだ。そういう気持ちが少しでもあったら、相手は即座に察知し、嫌なやつだと思い、知っていることも話してくれなくなる。

　それではだめだ。相手への価値判断ではなく、純粋に好奇心を持ち、誠意を持って「可愛らしく」質問を繰り返していかなければならない。決して尋問になってはいけない。

　この点、実は私は自信が全くない。好奇心が強すぎ、興奮してどんどん質問していくからだ。よくないと思っても、どんどん質問してしまう。
　皆さんはぜひにこやかに、丁寧な口調でうまくリードして質問を続けていっていただきたい。でないと、「ちょっと嫌なやつ」になってしまうからだ。

　問題把握・解決力に加え、自分の考えをわかりやすく整理して人に示すことが同様に重要だ。もしこちらからの説明が相手に伝わらない場合は、相手の理解力のなさよりも、説明がうまくなかった可能性の方が大きい。うまく伝わるようにあれこれ考えて努力すると問題把握・解決力がさらに高まるので、訓練の場としてぜひ見てほしい。

　こちらの言いたいことが伝わらない時、相手の頭が悪いということはまずない。普通に生活している以上、理解力、判断力は誰でもほぼ十分にある。伝わらない場合、説明の順序がおかしかったり、わかるだろうと思って説明すべき内容を飛ばしたり、説明の前提条件、境界条件等を省いたりすることが99％だと思う。間違っても上から目線で見ることなく、こち

らの説明を改めて組み立て直すべきなのは言うまでもない。

　最後に、「人の話を丁寧に、真剣に、よく聞く」ことが、問題把握・解決力を強化する上で非常に効果的だ。真剣に聞くと誰でもどんどん話してくれる。あふれるほどの知恵を無料で伝えてくれる。それにより、そのトピックに関して何が大切なのか、何はどう見るべきなのか、課題と解決策の方向がどうなのか、あっという間に理解が深まっていく。何年分の知恵を得ることができる。

　不思議なほど、ほとんどの人は人の話を丁寧に聞こうとしない。人の話を聞くより、自分の話をしたがる。ああだこうだ言いたがる。したがって、人の話を真剣に聞けば、目立つし、どんどん話してくれる。他の人には話さない話もすぐ話してくれる。

　そういう話の中に新事業や組織の重大なヒントも多いので、問題把握・解決力がますます磨かれる。実に簡単なことだ。真剣に人の話を聞くだけで、みるみる頭がよくなるのだから。その場で、無料で。

　多分、人の話をあまり聞こうとしないのは、人は本質的に自分の話をしたい、自分の考えを話したい動物だからではないか。心が落ち着いていない場合、不安を抱えている場合、しゃべりまくってその場しのぎをしようとするようだ。

　ところが、上に述べたメモ書きを毎日10ページすると1か月もしないうちに、そういう不安な気持ちがうそのように消え、落ち着いて人の話を聞けるようになる。

　そうすれば、情報がどんどん集まり、問題解決のためのアクションも的

を射たものになり、リーダーシップを発揮しやすくなる。総論賛成・各論反対の実行上の抵抗勢力も影を潜めていく。歓迎され、物事がスムーズに進んでいくようになる。

第 2 章

7日で作る事業計画

0　事業計画作成7日間のステップ

1日目　事業計画の全体像をいったん作る①

2日目　事業計画の全体像をいったん作る②

3日目　顧客・ユーザーインタビューを実施し、全体像を見直す

4日目　テンプレートに記入し、事業計画の体裁を整える

5日目　改めて顧客・ユーザーインタビューを実施し、内容を修正する

6日目　収支計画を立案し、事業計画を修正する

7日目　最終仕上げとプレゼン練習をする

0
事業計画作成 7日間のステップ

　ここまでの準備を普段しておけば、いざ事業計画を作りたくなった時、短期間に最初のドラフトを作ることができる。本書ではいったん「7日で作る」としたが、骨子だけで言えば、2、3日でも、あるいは一つのミーティングだけでも見えることがままある。初めての時は段階を踏んで7日で書いてみよう。

　事業計画は一般に数週間から数か月かかって作成するものだと考えられてきた。本格的にはどうしてもそのくらいかかることもある。丁寧に市場調査をし、技術的な検討をして進めるとそうなる。

　ところが、多くの場合、過剰に時間をかけ、全体像を考えるよりも細部にとらわれて時間を浪費しがちだ。
　それよりは、極端ではあるが7日間で事業計画の最初のドラフトを作り、全体観を持ってさらに進化させる方がよほどよい結果を出せるのではないかと考え、あえて本書を書くことにした。

【　7日間のステップ概要　】

事業計画作成への着手から完成まで、全体を7日間で進める。

1日目は、**事業計画の全体像**をいったん作る。
「解決すべき重要な課題とターゲット顧客・ユーザー」に始まり、「事業ビジョンとその達成ステップ」「経営チーム」「製品・サービスの内容と特長」「市場規模、成長性」までを頑張って整理する。
A4メモにどんどん書いていく。

2日目も、引き続き**全体像を作る**。
「事業戦略と競争優位性」に始まり、「事業提携と実現方策・シナリオ」「利益を上げる仕組み（ビジネスモデル）」「組織体制」「実行計画」までを整理する。
ここまでを考えると事業計画の全体像が見えるので、初日にカバーした内容も合わせ、もう一度全体を吟味する。

この時点で事情を知らない家族や友人に説明しても、新規事業の魅力について賞賛を得られる可能性は限りなく少ない。「それで何が言いたいの？」と言われるのがオチだ。
2日目の大半はそうした反応に基づき、**客観的な視点で事業構想から組織まで見直し、さらに頭をひねって改善し続ける**ことになる。

3日目は、こうして作った**事業計画を顧客・ユーザー候補に説明**し、反応を見て改善を進める。
業界知識のない家族、友人ではなく、当事者である顧客・ユーザー候補に直接インタビューすることにより、正確な反応と有用なフィードバックが期待できる。

| 1日目 | ▶▶ | 2日目 | ▶▶ | 3日目 | ▶▶ | 4日目 | ▶▶ | 5日目 | ▶▶ | 6日目 | ▶▶ | 7日目 |

インタビュー結果を踏まえて、事業計画のチェックリストに基づいて、幅広い視点から何度も何度も確認していく。膨大な資料を作成したわけではないので、事業構想をゼロベースで見直すことも、そこまで苦ではない。

4日目は、**事業計画としての体裁を整える**日としよう。

これまではＡ４メモに手書きで数十ページ書いていた。手書きなので、頭に浮かぶまま書き殴っただけだ。ただ、全体像がはっきり見えているので、中身は十分ある。

それをパワーポイントのテンプレートに記入していく。

書いたメモを横に広げながら、テンプレートに記入していく。

5日目は、テンプレート記入を完成させ、パワーポイントでの**事業計画ドラフトを顧客・ユーザー候補に説明してフィードバックをもらう**。

メモ書きと違ってパワーポイントに書いてあると、相手の印象もかなり変わってくる。より正確に伝わることで、よい点、不足している点がはっきりと浮かび上がってくる。

6日目は、**収支計画を立案**する。

2年間、24か月の月次収支計画だ。ユーザー継続率、課金率等の前提条件をベースケースとしておき、売上、入金、支出、月次収支、融資、出資、月末口座残高をエクセルで整理する。

これから立ち上げるビジネスに関して精緻な数値計画を立ててもほとんど意味がない。テンプレートを修正し、入力することで数字的な目安を立てる。さらに、その数字に基づいて事業計画そのものも再度見直す。

また資本政策についても設立から事業売却もしくは上場までの期間、どこから資金を調達してどう構成を変えていくか計画する。

7日目は**最終仕上げとプレゼン練習**だ。

聞く側の立場で最終チェックをし、近しい人を相手にプレゼンの練習をしてみる。初めて聞く人の方が、より客観的な意見を言ってくれる。2日目に意見を求めた相手にも説明し、5日間でいかに進歩したか見てもらうのも刺激になる。

　事業計画を再度修正し、プレゼン練習も4,5回通しでやってみる。そうすると、説明しづらいところ、相手に伝わりにくそうなところが浮かび上がってくる。

1日目 ▶▶ 2日目 ▶▶ 3日目 ▶▶ 4日目 ▶▶ 5日目 ▶▶ 6日目 ▶▶ 7日目

会社ロゴ

○○株式会社 事業計画

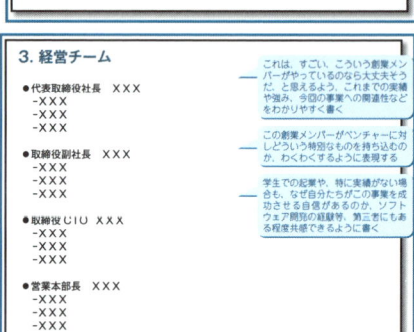

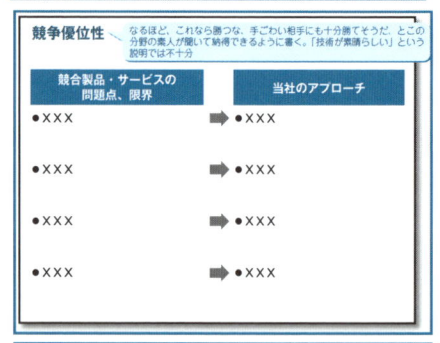

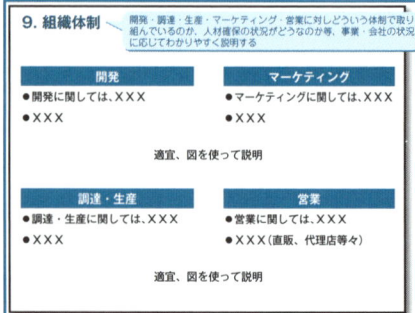

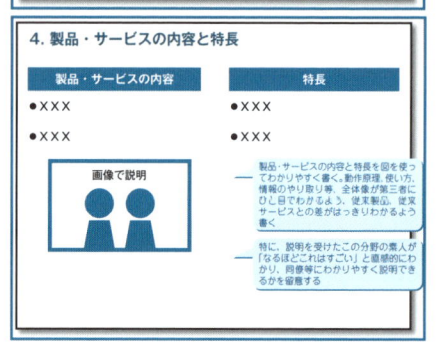

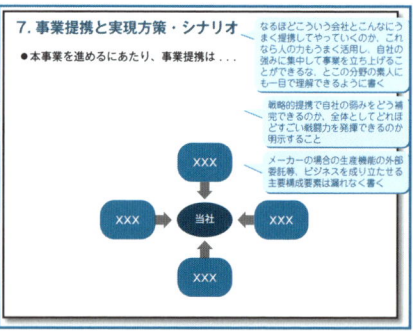

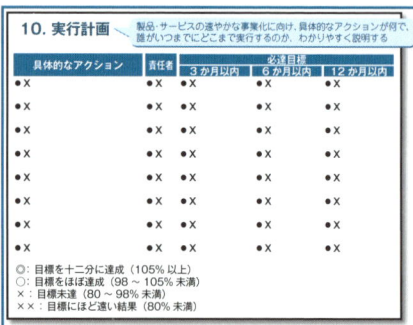

201X年○月○日

---

1. 解決すべき重要な課題とターゲット顧客・ユーザー

● 解決すべき重要な課題は…
 - ×××
 - ×××

● ターゲット顧客・ユーザーは…
 - ×××
 - ×××

（注記）
- 解決すべき重要な課題をわかりやすく説明する。
- ターゲットとする顧客の切実なニーズは何か、どういうことにどのくらいお金を使っておりそれを置き換えることができるのか、できるだけ具体的に書く
- あればいい、程度では購入につながらないので、なぜ飛びついてくれるのか、顧客の購買決定プロセスまで踏み込んで顧客特性を説明する
- ネット系ビジネスの場合は、ネットのユーザーが何を求めていて、このサービスに飛びつくのか、多くの同類サービスとどう違うからそれらのユーザーを取り込むことができるのか、一人よがりにならないよう説明する

---

3. 経営チーム

● 代表取締役社長　×××
 - ×××
 - ×××
 - ×××

● 取締役副社長　×××
 - ×××
 - ×××
 - ×××

● 取締役CTO　×××
 - ×××
 - ×××
 - ×××

● 営業本部長　×××
 - ×××
 - ×××
 - ×××

（注記）
- これは、すごい、こういう創業メンバーがやっているのなら大丈夫そうだ、と思えるよう、これまでの実績や強み、今回の事業への関連性などをわかりやすく書く
- この創業メンバーがベンチャーに対しどういう特別なものを持ち込めるのか、わくわくするように表現する
- 学生での起業や、特に実績がない場合も、なぜ自分たちがこの事業を成功させる自信があるのか、ソフトウェア開発の経験等、第三者にもある程度共感できるように書く

---

4. 製品・サービスの内容と特長

製品・サービスの内容	特長
● ×××	● ×××
● ×××	● ×××

画像で説明

（注記）
- 製品・サービスの内容と特長を図を使ってわかりやすく書く。動作原理、使い方、情報のやり取り等、全体像が第三者にひと目でわかるよう、従来製品、従来サービスとの差がはっきりわかるよう書く
- 特に、説明を受けたこの分野の素人が「なるほどこれはすごい」と端的にわかり、同僚等にわかりやすく説明できるかを留意する

競争優位性

競合製品・サービスの問題点、限界	当社のアプローチ
● ×××	● ×××
● ×××	● ×××
● ×××	● ×××
● ×××	● ×××

（注記）
- なるほど、これなら勝てる、手ごわい相手にも十分勝てそうだ、とこの分野の素人が聞いて納得できるように書く。「技術が素晴らしい」という説明では不十分

---

7. 事業提携と実現方策・シナリオ

● 本事業を進めるにあたり、事業提携は…

（図：当社を中心に×××が四方に配置）

（注記）
- なるほどこういう会社とこんなにうまく提携してやっていくのか、これなら人の力をうまく活用し、自社の強みに集中して事業を立ち上げることができるな、とこの分野の素人にも一目で理解できるように書く
- 戦略的提携で自社の弱みをどう補完できるのか、全体としてどれほどすごい戦略性を発揮できるのか明示すること
- メーカーの場合の生産機能の外部委託等、ビジネスを成り立たせる主要構成要素は漏れなく書く

---

9. 組織体制

開発	マーケティング
● 開発に関しては、×××	● マーケティングに関しては、×××
● ×××	

適宜、図を使って説明

調達・生産	営業
● 調達・生産に関しては、×××	● 営業に関しては、×××
● ×××	● ×××（直販、代理店等々）

適宜、図を使って説明

（注記）
- 開発・調達・生産・マーケティング・営業に対しどういう体制で取り組んでいるのか、人材確保の状況がどうなのか等、事業・会社の状況に応じてわかりやすく説明する

---

10. 実行計画

具体的なアクション	責任者	必達目標		
		3か月以内	6か月以内	12か月以内
● ×	● ×			
● ×	● ×	● ×	● ×	● ×
● ×	● ×			
● ×	● ×			
● ×	● ×			
● ×	● ×			
● ×	● ×			

○：目標を十二分に達成（105％以上）
◎：目標をほぼ達成（98〜105％未満）
×：目標未達（80〜98％未満）
××：目標にほど遠い結果（80％未満）

（注記）
- 製品・サービスの速やかな事業化に向け、具体的なアクションが何で、誰がいつまでにどこまで実行するのか、わかりやすく説明する

84

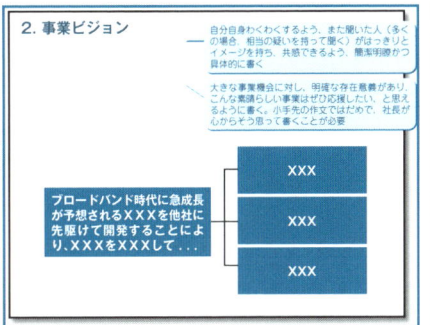

0 事業計画作成 7日間のステップ

2. 事業ビジョン

自分自身わくわくするよう、また聞いた人（多くの場合、相当の疑いを持って聞く）がはっきりとイメージを持ち、共感できるよう、簡単明瞭かつ具体的に書く

大きな事業機会に対し、明確な存在意義があり、こんな素晴らしい事業はぜひ応援したい、と思えるように書く。小手先の作文ではだめで、社長が心からそう思って書くことが必要

ブロードバンド2時代に急成長が予想されるXXXを他社に先駆けて開発することにより、XXXをXXXして...

- XXX
- XXX
- XXX

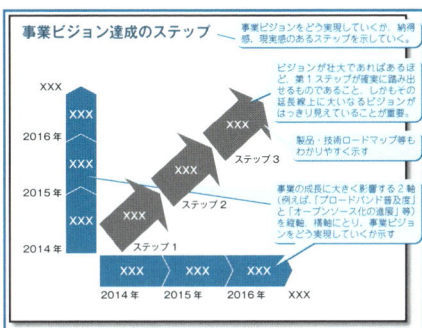

事業ビジョン達成のステップ

事業ビジョンをどう実現していくか、納得感、現実感のあるステップを示していく

- XXX
- 2016年 XXX
- 2015年 XXX
- 2014年 XXX

ステップ1 / ステップ2 / ステップ3

2014年 / 2015年 / 2016年 XXX

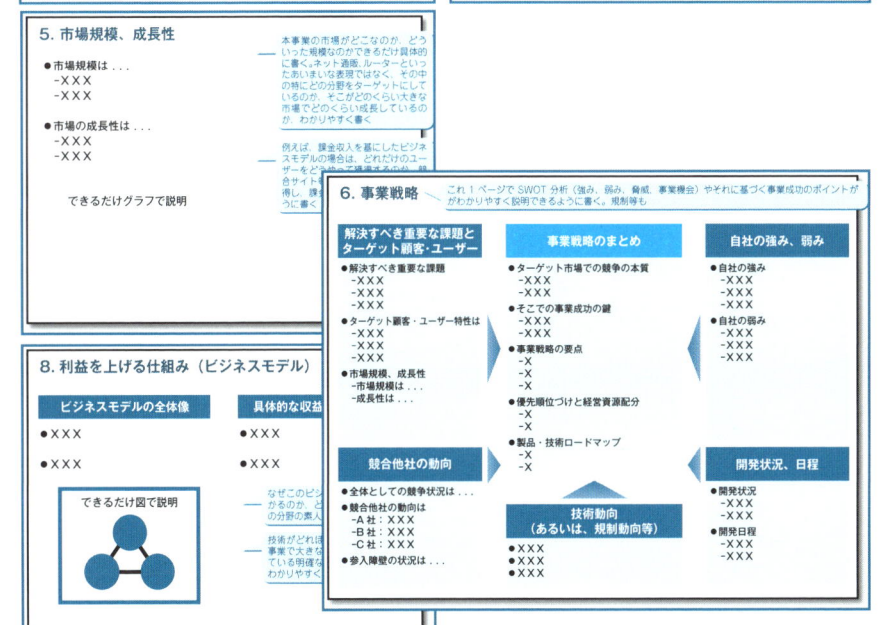

ビジョンが壮大であればあるほど、第1ステップが確実に踏み出せるものであること、しかもその延長線上に大きなビジョンがはっきり見えていることが重要。

製品・技術ロードマップもわかりやすく示す

事業の成長に大きく影響する2軸（例えば、「ブロードバンド普及度」と「オープンソース化の進展」等）を縦軸、横軸にとり、事業ビジョンをどう実現していくか示す

5. 市場規模、成長性

- 市場規模は…
  - XXX
  - XXX
- 市場の成長性は…
  - XXX
  - XXX

できるだけグラフで説明

本事業の市場がどこなのか、どういった規模なのができるだけ具体的に書く。ネット通信、ルーターというあいまいな表現ではなく、その中の特にどの分野をターゲットにしているのか、そこがどのくらい大きな市場でどのくらい成長しているのか、わかりやすく書く

例えば、課金収入を基にしたビジネスモデルの場合は、どれだけのユーザーをどうやって獲得するか、課...

6. 事業戦略

これ1ページでSWOT分析（強み、弱み、脅威、事業機会）やそれに基づく事業成功のポイントがわかりやすく説明できるように書く。規制等も

解決すべき重要な課題とターゲット顧客・ユーザー
- 解決すべき重要な課題
  - XXX
  - XXX
  - XXX
- ターゲット顧客・ユーザー特性は
  - XXX
  - XXX
  - XXX
- 市場規模、成長性
  - 市場規模は…
    - X
  - 成長性は…
    - X

事業戦略のまとめ
- ターゲット市場での競争の本質
  - X
- そこでの事業成功の鍵
  - XXX
  - XXX
- 事業戦略の要点
  - X
  - X
- 優先順位づけと経営資源配分
  - X
  - X
- 製品・技術ロードマップ
  - X
  - X

自社の強み、弱み
- 自社の強み
  - XXX
  - XXX
- 自社の弱み
  - XXX
  - XXX

競合他社の動向
- 全体としての競争状況は…
- 競合他社の動向は
  - A社：XXX
  - B社：XXX
  - C社：XXX
- 参入障壁の状況は…

技術動向（あるいは、規制動向等）
- XXX
- XXX
- XXX

開発状況、日程
- 開発状況
  - XXX
  - XXX
- 開発日程
  - XXX
  - XXX

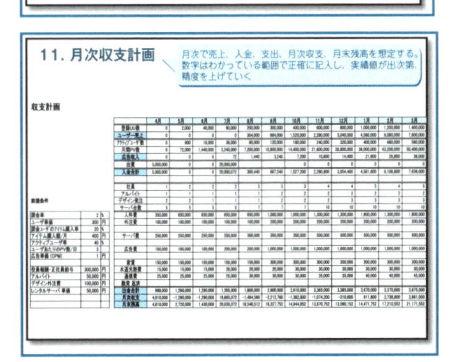

8. 利益を上げる仕組み（ビジネスモデル）

ビジネスモデルの全体像
- XXX
- XXX

できるだけ図で説明

具体的な収益…
- XXX
- XXX

なぜこのビジ…があるのか、と…の分野の素人…

技術がどれ…事業で大き…ている明確な…わかりやすく…

11. 月次収支計画

月次で売上、入金、支出、月次収支、月末残高を想定する。数字はわかっている範囲で正確に記入し、実績値が出次第、精度を上げていく

収支計画（表）

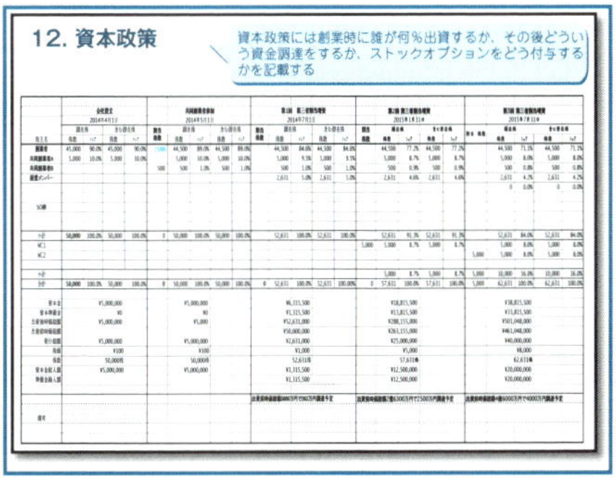

12. 資本政策

資本政策には創業時に誰が何％出資するか、その後どうやって資金調達をするか、ストックオプションをどう付与するかを記載する

（表）

1日目
事業計画の全体像をいったん作る①

① 解決すべき重要な課題とターゲット顧客・ユーザー

② 事業ビジョンとその達成ステップ

③ 経営チーム

④ 製品・サービスの内容と特長

⑤ 市場規模、成長性

7日で事業計画書を作り上げるために、まず1日目は1章3「問題把握・解決力の強化」で述べたように、メモ書きで思考を深掘りし、整理することから始める。

　とにかくペンを動かすことになる。きれいにフォーマットに写すのはまだ先だ。

事業モデルを思考し、整理するメモ書き

　1日目は、「解決すべき重要な課題とターゲット顧客・ユーザー」に始まり、「事業ビジョンとその達成ステップ」「経営チーム」「製品・サービスの内容と特長」「ターゲットとする顧客・ユーザーの切実なニーズ」「市場規模、成長性」まで整理する。

【　骨子を書き出し、調べ、ドラフト3まで作る　】

STEP1 メモ書きで書き出す

　整理の仕方は、各項ごとに**A4メモにどんどん書き出す**だけだ。頭に浮かぶことを内容のよしあしを気にせず、ともかく吐き出していく。

　フォーマットはA4横、左上にタイトルを書き、本文は4〜6行、各行20〜30字で書く。

　メモ書きの標準的書き方だ。浮かんだことを適当に（！）タイトルに書き、本文を書く。似たようなタイトルでも何度も書き続けているうちに、より明確なアイデアが浮かぶ。場合によっては、改めて書き直す。

| 1日目 | 2日目 | 3日目 | 4日目 | 5日目 | 6日目 | 7日目 |

　そうやって、**それぞれの項に関して5〜10ページ程度、合計25〜50ページ書くと、自分のイメージがだいたい吐き出される**。

　それを並べて、**改めて各項を以下のように数ページに整理する**。この時は、4〜6行にこだわらず書けばよい。

> ① 解決すべき重要な課題とターゲット顧客・ユーザー： 2ページ
> ② 事業ビジョンとその達成ステップ： 2ページ
> ③ 経営チーム： 1ページ
> ④ 製品・サービスの内容と特長： 3〜4ページ
> ⑤ 市場規模、成長性： 3〜4ページ

　1ページ1分を守ってメモ書きを行っていけば、この全部が2時間程度でできる。

　その間はすべてを遮断し、集中して書き出す。携帯電話もネットも切って頭の中を全部吐き出すつもりで一心不乱に書く。

　私自身もそうだが、ネットに常時接続されるようになってから、集中する時間が極端に減った。これは生産性を上げる上で非常に有害なので、携帯電話もネットも切ることはぜひ徹底してほしい。

STEP2　30分で関連情報を調べ研究する

　上記を書き上げたら、今度は30分間、**ネットで検索し、関連記事を読みあさる**。

　重要な記事は印刷してラインマーカーで線を引く。例えば顧客・ユーザーニーズ、市場規模、成長性、競合製品等はネットで把握できる情報が多いので、徹底的に調べ研究することが必要だ。

STEP3 30分でドラフト案を見直す

30分調べたら、もう一度書き上げた①〜⑤の**ドラフト1を30分見直す**。半分くらい書き直したくなるはずだ。

こうして、着手3時間で①〜⑤に関してドラフト2ができ上がる。

STEP4 30分休憩後、1時間調べ上げる

30分休憩をしたら、今度は1時間ネットで検索し、顧客・ユーザー・市場と競合状況についてこれ以上ないほど調べ上げる。

最初の30分と合わせ、100を超える記事を読み終える形になる。初日にして、結構な知識と業界観が身につく。関連企業のIR情報は基本的な内容から今後の動向まで詳しいので必須だ。

ネットに情報がこれ以上ないことがわかったら、そのビジネスに詳しい友人・知人がいれば、メールで質問しておく。電話が可能であれば、電話でのヒアリングもする。さらに、関連企業の広報に電話し、できるだけ詳しくヒアリングする。結構教えてくれるものだ。

そこで改めてドラフト2を見直し、ドラフト3を仕上げる。

1日目 ▶▶ 2日目 ▶▶ 3日目 ▶▶ 4日目 ▶▶ 5日目 ▶▶ 6日目 ▶▶ 7日目

① 解決すべき重要な課題とターゲット顧客・ユーザー

解決すべき重要な課題が何か、ターゲット顧客・ユーザーが誰かをしっかり簡潔明瞭に表現する。そうすると、その後の事業計画作成が非常に楽に進むとともに、事業計画の質が全体的にぐんと上がる。

【 切実なニーズ 】

解決すべき重要な課題はターゲットとする顧客・ユーザーの切実なニーズであり、大きく2種類ある。

一つは、糖尿病重症化を絶対に予防したいとか、働くシングルマザーの保育園への送り迎えの手間を何とか少しでも削減したいとか、災害時のシステム復旧を短時間で行いたいとか、**真剣度・深刻度が高いもの**だ。

もう一つは、楽しい動画を見たいとか、多人数とコミュニケーションしたいとか、おもしろいゲームをしたいなど、そこまで**必然性・深刻さはないものの、十二分にニーズが高いもの**だ。質の高いエンターテイメントへのニーズはこちらに属する。

深刻だからお金を払い、遊びだから払わない、ということでは全くない。好きなことには際限なくお金を使うというのがむしろ昨今の風潮なので、自分の偏見でニーズの仕分けはできない。深刻でもお金を払ってくれるかどうかは別問題だ。また高級なニーズ、低級なニーズがあるわけではない。

ラーメンが好きな人にとっては、2000円のラーメンでも絶対に食べたいと思うかもしれないし、そうでない人にとっては値段自体が信じられない、ということになる。

◆何としても解決したいという熱意

　顧客・ユーザーの切実なニーズに対して取り組んでいくには、そこに感情移入をし、痛み・喜びを感じ、何としても解決したいという熱意がどうしても必要だ。

　熱意を持って研究した結果として、B2Bであれば顧客のビジネスシステム、事業環境、競争状況への深い理解を説明する。顧客の業種によって、年間の開発、市場導入のサイクル、特徴が異なるので、それを理解した上で、顧客の購買決定プロセスと購買決定の判断基準についても詳しく説明するとよい。

　そこまで顧客のことがわかっていれば、この人たちは遅かれ早かれしっかり売りそうだ、と感じさせるものになる。

　B2Cであれば、ユーザーの置かれた状況、立場、趣味嗜好などを詳しく説明する。

◆一人よがりはだめ

　ただ、一人よがりの説明は効果的に伝わらない。その分野に詳しくない人でもわかりやすいように、丁寧に説明する。

　自分の説明が一人よがりかどうかは、身近な人に説明し、
「ふーん、そうなんだ」「そんなふうになっていたんだ、よくわかったよ」
とすぐ反応があるかどうかでわかる。説明に多大な言葉を要したり、どうしても腑に落ちない様子であれば、もう一度考え直す必要がある。

　その分野に詳しくない人でも、
「顧客・ユーザーはこういう人たちで、こういう理由でこんなことに困ってるんだよ。だから、こんなふうにアプローチしようとしてるよ」
とポイントを押さえて言えば理解できる。そういったレベルで書く。

【　ターゲット顧客・ニーズ　】

　ベンチャーの場合、技術には自信があっても顧客・ユーザーをあまり理解していないことが多い。切実なニーズを十分把握せずに創業したとしか思えないことがよくある。これはあまりにも無謀だ。製品はなかなか売れないし、事業が伸びる気がしないので、資金調達も実現しづらい。技術が素晴らしくてたまたま資金調達できたとしても、今度は事業成長への期待・要求が非常に高く、大変苦労する。

　また、ある事業領域のベテランだとして、「自分はターゲット市場と顧客のニーズを深く理解しており、かつ、そのニーズに応える製品・サービスのアイデアに自信がある」と思っていても、実際は一人よがりのことも多い。そうなると、ベンチャー、新事業としては大きくはずれてしまう。

　もしご自身で「自分は顧客・ユーザーをよく知っている。この業界のプロだ」と思っても、いったんは「知っていると勝手に思っていただけで、ゼロベースで把握し直さないとわからない」という程度に考えてみる方が無難である。

　したがって、もし大企業を辞めてベンチャーを創業する場合は、たかをくくらず、会社を辞める前になるべく多くの顧客・ユーザー候補や業界のキーパーソンに会って、顧客・ユーザーの切実なニーズを再度自分の目でしっかり把握することが重要である。

　大企業の管理職・社員としての立場とベンチャー社長の立場では、相手の接し方も、こちらから見えるものも全く変わってくる。心を許していた、全面的にサポートしてくれていると思っていた相手の態度が豹変することも、大企業を離れ創業すると日常茶飯事になる。アポを取ること自体、簡単にはできなくなることが普通だ。

　英語スピーキング練習用アプリの例で言えば、

> 課題：英語で自由に話せるようにならないと、留学できない、仕事にならない。今まで何度も挫折したが、今回はもう後がない。絶対に話せるようにならないといけない
>
> ターゲットユーザー：20〜30代の留学希望者
> 　　　　　　　　　20〜40代で英語を話す必要に迫られた社会人

タクシー予約アプリの例で言えば、

> 課題：雨が降ったり、急いでいたり、接待だったり、タクシーをいつでもすぐ呼べるようにならないと仕事上ものすごく困る。いつも困っている。何とかしたい。少しくらいお金を払ってもよいから、タクシーを好きな時に好きな場所ですぐ確保できるようにしたい
>
> ターゲットユーザー：タクシーを比較的頻繁に活用する、都市部の20代後半〜60代

つけ爪ECサロンの例で言えば、

> 課題：ネイルをきれいにするとすごく楽しいし、仕事していても気持ちが明るくなる。私にとってネイルのおしゃれは必須。ところが、PCの利用が増えたり、仕事柄ネイルのおしゃれが全くできなくなってしまった。何とかならないかなあ
>
> ターゲットユーザー：10〜50代のネイルのおしゃれを楽しみたいが、仕事や学校で普段はネイルができない女性

ターゲットとする顧客・ユーザーとは、

- **特に困っており**
- **ある程度以上の規模があって、事業対象として魅力的**
- **プロモーション上も営業上も比較的アプローチしやすい**

という、優先度の高い顧客・ユーザーのことを言う。彼らをターゲットとして製品・サービスを開発し、提供すると、ぶれにくくなるし、周辺のユーザーのニーズにもある程度以上応えるので、事業規模が広がっていく。

顧客・ユーザーを考える際は、**彼らがどういうことにどのくらいお金を払うのか、お金を払うまでどういう情報を集め、どういう判断基準で購入を決定するのか**、調べ、深く考える。無料アプリ・サービスであっても多数ある他の無料アプリ・サービスと比較して何を考え、ダウンロードしたり使ったりするのかを徹底的に考える。

「あればいい」という程度では、購入やダウンロード、積極的な利用につながることはまずない。なぜ顧客・ユーザーが飛びついてくれるのか、顧客・ユーザーにとってどれほどの直接的なメリットがあるのか、顧客・ユーザーの購買決定プロセス、アプリ選定プロセスまで踏み込む必要があるし、説得力を増す。

競合する製品・サービスが多数ある場合、それらとどう違うのか、顧客・ユーザー視点でどうユニークに見えるのか、どうスイッチさせるのか、どうやって取り込むのか、一人よがりにならないよう、根拠を明らかにする。

ターゲット顧客・ユーザーと言っても、さらにその中に最初にその製品・サービスに飛びつく顧客・ユーザーがいる。それを<u>アーリーアダプター</u>と呼ぶが、それが誰か、どうやってアプローチするか、アーリーアダプターに火がつくと次にはどこに火がついていきそうか、火つけの場所、順番、方法を説明する。

それを読んで、「ああなるほど、そういうふうに顧客・ユーザーが広がっていくのか。そういう順番を考えているのであれば、確かに広がっていきそうだな」と感じられるように説明すると、自分としても自信を持てるし、初めて説得力を持つ。

「① 解決すべき課題とターゲット顧客・ユーザー」の考え方・見せ方

> **STEP1** 解決すべき重要な課題を書き出す

　まず、自分が熱意を持って取り組もうとしている「解決すべき重要な課題」をメモ1ページに殴り書きにする。きれいに書こうとしなくても全くよい。というか、きれいにまとめようとしない方がいい。

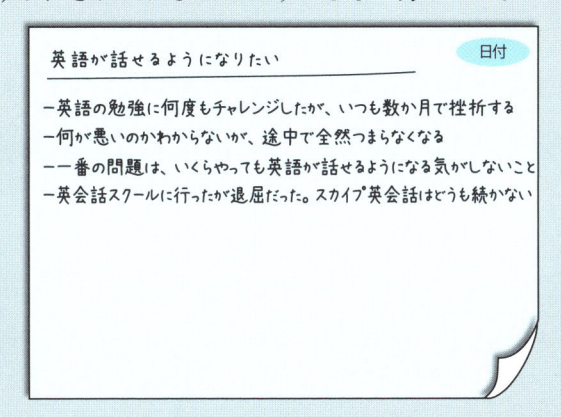

```
英語が話せるようになりたい                    日付
－英語の勉強に何度もチャレンジしたが、いつも数か月で挫折する
－何が悪いのかわからないが、途中で全然つまらなくなる
－一番の問題は、いくらやっても英語が話せるようになる気がしないこと
－英会話スクールに行ったが退屈だった。スカイプ英会話はどうも続かない
```

　書いたメモ1ページの内容4～6行を見る。書き足りなければ、それぞれの行をタイトルにしてまた数ページ書いてもよい。あるいは、別の角度から別の紙にいろいろ書いてみる（多面的に書く）。

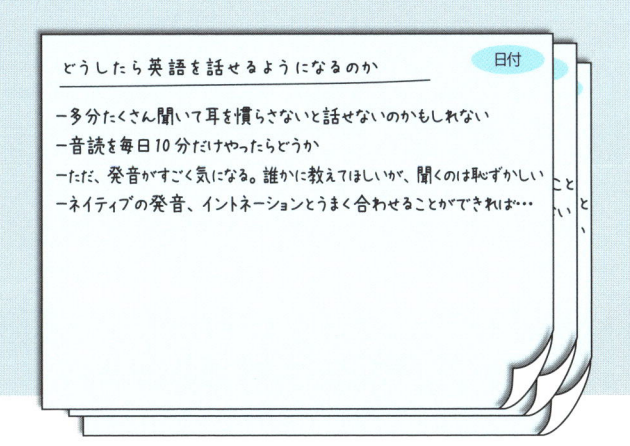

```
どうしたら英語を話せるようになるのか           日付
－多分たくさん聞いて耳を慣らさないと話せないのかもしれない
－音読を毎日10分だけやったらどうか
－ただ、発音がすごく気になる。誰かに教えてほしいが、聞くのは恥ずかしい
－ネイティブの発音、イントネーションとうまく合わせることができれば…
```

◆思考のポイント

　この課題を自分が本当に解決したいのか、心の底から意義を感じるのか、自分のほとんどの時間をこれから投入することが喜びになるのか、友達、同僚、親に熱意を持って説明できるのか、考えてみる。

　これまでに暖めていたテーマであればすぐ書ける場合もある。気にはなっていたがそこまで考えてこなかった場合は、もう少し考えたり、調べたり、人と話してみたりする方が考えが深まり、想いも強くなる。

　自分が知らないだけで、実は世の中で解決され始めている場合もある。普段からアンテナを高く上げ、常に問題意識を持って仕事をしたり、生活したりすることで、こういうところにも差が生まれてくる。

　一つ注意すべきは、あまりにも感情的になって想いが入りすぎ、理想論を掲げた課題設定になってしまうことだ。「この世のすべての貧困をなくしたい」とか、「人身売買等で苦しむ世界中の弱者を救済したい」とかだ。

　実現できればもちろん素晴らしい。ノーベル賞も射程距離内になる。ただ、ここまで大きな、理想論的な課題だと解決までには膨大な時間と大がかりなしかけが必要になる。

　本書では理想に近くても、もう少し手の届きそうな範囲をまず前提に考えたい。もちろん「この世の中から癌を撲滅したい」という想いで多くのベンチャーが創業されており、着々と成果を上げつつある。その意味では、どういうものが理想論的すぎるか、どういうものが理想と現実を踏まえながらわくわくする課題に取り組んでいるかはケースバイケースだ。

　大事ではあっても自分とは縁が遠すぎる課題に取り組もうとしたり、次の次くらいのステップでは実現性があっても今すぐは手が届きそうにない課題に取り組もうとすることは、今のところはなるべく避けておきたい。夢は夢として、**まずは勝ちぐせをつけることが大切**だ。

B2Bの場合、顧客候補4～5社の切実なニーズをメモに書いてみる。数ページではなく数十ページになることも多い。その上で、可能であれば、1ページに整理してみる。

ニーズの重要度・緊急度を「大変困っている最優先課題」、「優先課題」、「それ以外」の3段階に分ける。特に、**課題解決に関する年間購入額**が重要で、検討中の製品が置き換えるであろう製品を現在年間どのくらい購入しているか、置き換える製品が特にない場合、年間いくらぐらいなら買ってもいいと思うかを整理する。

◆仮説の検証をする

仮説を立てた後、**できれば4～5名の顧客候補や業界のキーパーソン等に会って仮説を検証、修正する**（市場性確認）。

製品紹介・営業をするのではなく、顧客候補の考えている重要課題を明確に把握する。顧客の嗜好や、既存製品を使う場合の行動パターン、購入パターン、また、何を不満に思っているか、何が満たされていないか、何に大変困っているかを明らかにする。なるべく普段からこういった問題意識で動いておきたい。

STEP2 特にターゲットとすべき顧客・ユーザーは？

ターゲットとする顧客・ユーザーとは、前述したように、
①特に困っており、
②ある程度以上の規模があって、事業対象として魅力的で、かつプロモーション上も営業上も比較的アプローチしやすい優先度の高い
顧客・ユーザーのことを言う。

まずはメモに書き出してみる。
B2Cの場合は、**性別、年齢、職業、住んでいる場所、国籍・人種、趣味・嗜好、ITへの慣れ**などの観点から、どこの誰をユーザーとしてねら

うのか、書いてみる。

　製品・サービスの内容によっては、**使っている PC・スマートフォンのタイプ、普段通っている店、通勤経路、持ち家・借家、家族構成、未婚・既婚・離婚、アレルギーの有無、身長・体重**なども重要な観点になる。

英語が話せるようになりたい顧客ユーザー　　日付

- 20-30代の留学希望者は絶対
- 20-40代で外資系とか、日本の会社なのに急に外国人上司になったり、海外勤務が決まったりした人
- やる気はあるはずだが、何度も挫折している
- このセグメントはスマホは全員持っているはず

　B2Bの場合は、**業種、企業規模、地域、社長のリーダーシップ・スタイル、経営状況、資本関係**などだ。

　業界の知見、ヒアリング、調査レポートなども参考にして、ターゲットとすべき顧客と対象市場を決定する。どうやって顧客・市場を攻めるのか、どこにどう絞ると自社の競争優位性がどのように増すのか、いくつかシミュレーションしてターゲット顧客を決定する。

　書いたメモを見ながら、さらに深掘りし、しっくり来るまでメモを書き続ける。そうすると、頭の中身が全部吐き出され、要するにどういうことなのか、誰をターゲット顧客・ユーザーにすべきなのか、自然に浮かび上がってくる。

② 事業ビジョンとその達成ステップ

【　事業ビジョン　】

　事業ビジョンは、どういう事業を作りたいのか、自分の考えを簡潔に表現したものだ。自分自身わくわくするよう、また読み、聞く側にとってわかりやすく、はっきりとイメージを持って共感できるよう、簡潔明瞭かつ具体的に表現する。

　読み、聞く側は、多くの場合、最初はその事業案に関心を全く持っていないか、強い疑いを持っていることも普通なので、最初に**イメージを伝え、ネガティブな壁をぶち破れるかどうか**が鍵になる。

◆ネガティブな壁をぶち破る方法
　一番効果的な心理障壁の壊し方は、「多くの人が深刻な課題を抱えて困っている」「市場が大きく変化している」「今のままでは破綻する」「変わらざるを得ないような大きな不満が高まっており、すでに顕在化している」等々、

> ①変革の機運が大きく盛り上がっており
> ②実際に変化が起きており
> ③今始めれば誰よりも早くその果実を刈り取れる

ことを具体的に伝えることだ。
　大きな課題があって、実際に動き始めているので「いつか起きる」のではなく「今まさにそこにある大問題」であり、かつ「一番乗りで結果を得られる」ことが非常に魅力的に聞こえる。
　言い換えれば、大きな事業機会に対し、このベンチャーには明確な存在

意義があり、やるしかないことを伝え、「こんな素晴らしい事業をぜひ応援したい」と自然に思えるように書く。

◆わかりやすく書く

この分野の素人が読んでもわかりやすいように、専門用語はなるべく少なく、平易な日本語で書くことが望ましい。

なぜ素人が読んでもわかりやすいように書かなければならないかといえば、非常に単純な理由がある。投資家も会社の経営者も、あなたが夢中になって考えている素晴らしい事業機会に関して、あくまでも素人だからだ。

例えばスマートフォン関連に集中的に投資をしている投資家も、あるいは経営者も、それが英語スピーキング練習用アプリになると、ほとんど知らない可能性が高い。もし検討をしたことがあったとしても数年前だったり、アプローチが根本的に違っていたりして、その特定分野に関してはほとんど知識がないことが普通だ。

さらに、こちらは熱心にその分野を日夜研究しているので、理解の深さは比べものにならない。半年前に入社して一番信頼できると思っていた幹部社員の理解も、ベンチャーの創業社長や新事業プロジェクトリーダーに比べて、格段に劣るのが普通の状況だ。それを前提にわかりやすく書く。

事業計画は、小手先の作文ではなく、自分が心からそう思えること、一人よがりではないことをしっかりと表現することが何よりも重要になる。

◆具体的にイメージが湧くように書く

なお、事業ビジョン、事業構想はできるだけ具体的に書く必要がある。その方が自分のイメージもより明確になる上、投資家や会社の上司、経営幹部にも説明しやすいし、一緒にやる仲間、新たに参加するメンバーの理解を得やすい。

例えば、

> 「英語スピーキング練習用のスマートフォンアプリを提供する」

と簡単に言うだけではなく、

> 「英語を話すニーズの強い20〜40代の男女に対して、シチュエーションごとの反復練習をゲーム感覚で行える英語スピーキング練習用のスマートフォンアプリを提供する。自分の成長度合いが見える上、継続しやすいため、英語の苦手な日本人の英語スピーキング能力を初めて大幅に改善し、グローバル環境での日本人のコミュニケーション力向上に大きく貢献する」

と言う方が具体的でイメージが膨らみやすいし、社長の想いも伝わる。また、

> 「雨の日でもすぐタクシーを予約できるスマートフォンアプリ」

と言うだけではなく、

> 「ユーザー会員が今どこにいるかをGPS情報から把握することで、効率的なタクシー配車をある程度先回りして実現し、ユーザー会員の利便性を大幅に上げる、画期的なタクシー予約・配車サービスを提供する。これにより、ユーザー会員は雨や混雑時に数十分当てもなくタクシーを待つ必要がなくなる。提携タクシーの乗車率を10〜20％引き上げ、ユーザー会員、タクシー運転手、タクシー会社すべての利益増に貢献する。提携タクシーの数増加に伴い、中期的には、予約タクシーのみならず、流しタクシーの効率的運用も実現し、社会・交通インフラの整備に寄与する」

と言う方が具体的であり、社員も投資家もわくわくする。また、

> 「つけ爪を隔週で送ってくれるECサロン」

というだけではなく、

> 「ネイルのおしゃれを気軽に楽しみたいものの仕事・学校の制約上できない女性に対して、簡単に接着でき、自分の爪にフィットしたつけ爪を月2回宅急便でお届けする。デザインは毎回10種類あり、その中から気に入ったものを使って残りは後日着払いで返送する非常に手軽なサービス」

という方が具体的で、イメージもふくらむ。

事業ビジョンには、技術的な素晴らしさよりも、**顧客・ユーザーにとっ**

てその製品・サービスがどれほど役立ち、飛びつきそうか、泣いて喜ばれるか、なぜ世の中に大きなインパクトを与えそうなのかなどをできるだけ表現する。

うまく表現できればその後の事業計画作成がスムーズに進むことが多い。

【 事業ビジョン達成のステップ 】

次は「事業ビジョン達成のステップ」だ。**考えている事業がどう発展するのか、何の発展をベースに進化していくのか**を考える。

通常は、何らかの**要素の変化を縦軸、横軸に表現**する。それぞれどういう3ステップが想定されるか分析し、その2軸の進展に沿って事業がどう発展していくかを述べる。

2軸は、その事業の発展に最も寄与する構造変化から独立した軸を選ぶ。
選び方は何通りもあるが、「事業成長上で最も重要な2軸」ということで吟味する。例えば、以下のようなものが考えられる。

(1)「スマートフォンの普及率」と「ネットの接続スピード」
(2)「スマートフォン決済の普及率」と「オンライン決済の総額」
(3)「女性マネジメントの比率」と「クラウドソーシングの普及」
(4)「電気自動車の普及」と「脱原子力エネルギーの度合い」
(5)「電力民営化の進展」と「TV放送自由化の進展」

時間的には、**3年程度**を想定していただきたい。
これ以上だと先すぎてイメージが湧かないし、1、2年程度だと将来を見越した事業ビジョンになりにくいからだ。

「② 事業ビジョンとその達成ステップ」の考え方・見せ方

　事業ビジョンとその達成ステップには、**誰に対するどういう事業をどうやって成功させたいのか**、簡潔に整理する。**製品・技術ロードマップ**等も簡潔に含めておくと説得力が数段増す。

　事業の中身だけではなく、トップとしてどう実現していきたいのか、という方針も含めて表現するとなおよい。

◆大言壮語しない

　頑張って書こうとして、「2年以内に市場の過半を取る」とか、「当社技術が非常に優れているので競合は全くいない」といった表現をすると逆効果で、リーダーとしての見識を疑われる。表現の問題だけではなく、ビジネスセンスそのものにも疑問があるからだ。壮大ではあっても、現実感のある事業構想、事業ビジョンを考え、表現することが鍵だ。

　一見壮大だが、読む人には全然伝わらない、書いた本人でないと何がすごいのか全く理解できない、という事業構想、事業ビジョンが多いので、この分野の素人である家族、友人、知人、同僚等に説明してどのくらい速く理解してもらえるかどうかも重要なチェックポイントとなる。

　また、中々理解されず、かなり詳しく説明しないと伝わらないものは、どこかがおかしい。全体観が優れており、意義ある内容であれば、聞いた瞬間に反応があるものだ。そうでない場合、書き方だけではなく、内容そのものを再吟味する必要がある。

　事業ビジョン、事業構想ということで「5年後にこうなっていればいいなあ」と夢を語るだけのことがよく見られる。

　将来像も重要であるものの、1～2年後の明確な事業イメージがむしろ鍵となる。ビジョンが壮大であればあるほど、第1ステップが確実に踏み

出せるものであること、しかもその延長線上にビジョンの実現性がはっきりと感じられることが重要になる。

> **STEP1** 自分がどうしても実現したいこと、こうなると非常に嬉しいという「事業ビジョン」は？

　これこそ、メモ数ページに思いのたけを吐き出すことが第一歩だ。構成とか字のきれいさとかいっさい考えず、こういうふうになると本当に嬉しい、と思えることをあれこれ書き出していく。

```
英語がペラペラになるアプリ             日付
－日常会話はある程度自由にできるようになりたい
－パーティーでいろいろな人に会って、あまり臆せず恥ずかしくないようにしたい
－言いたいことをいちいち日本語から訳すのではなく、英語で最初から言えるように
－ただ、しゃべるだけではなく、まず聞けるようにする必要がある
```

　すでに「解決すべき重要な課題とターゲット顧客・ユーザー」はある程度以上明確になっているので、彼らにどうなってほしいのか、それほどぶれずにイメージが固まっていく。言葉はできるだけ平易なものがいい。堅苦しく漢字の羅列ではなく、わかりやすく書く。

　また、簡潔すぎたり抽象的すぎたりすると何をしたいのか自分でもあいまいになるし、チームにも伝わらず、投資家や会社の上司・経営者にも正確に伝わらないので、できるだけ具体的に表現する。

STEP2 まずどこから始めるか？ 第一段階で何を実現するか？

壮大な事業ビジョンを短期間で全部実現できることはまずない。実現すると言い切っても、納得性が高くなければ誰も信じてはくれない。したがって、どこから始めるのか、第一段階でどこまで達成するのか、より現実的に整理する。

リソースが限られる中、第一段階に達するには、**一点突破**がどうしても必要になる。あれもこれもではなく、まずはここから取り組む、ここから取り組めばその次が見えてくるはず、と言えるようなステップを想定する。

STEP3 第二、第三段階ではどこまで実現したいのか？

現実性を意識して第一段階を書けば書くほど、そこから急カーブで第二、第三段階に向かわなければならない。第一段階で達成した基盤を使って、さらにストレッチし、加速すればきっと達成できるだろうと少しでも想像できるように書く。

明確に考え抜くことは中々できないので、大きな流れとして自分の夢を一歩一歩実現していく、という信念を少しでも具体性を出して書く。

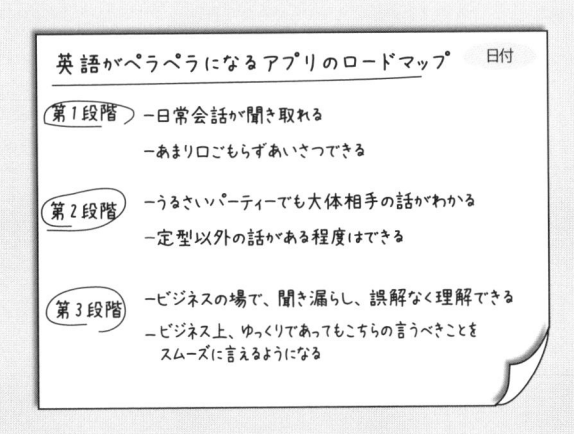

英語がペラペラになるアプリのロードマップ　　日付

- 第1段階
  - 日常会話が聞き取れる
  - あまり口ごもらずあいさつできる
- 第2段階
  - うるさいパーティーでも大体相手の話がわかる
  - 定型以外の話がある程度はできる
- 第3段階
  - ビジネスの場で、聞き漏らし、誤解なく理解できる
  - ビジネス上、ゆっくりであってもこちらの言うべきことをスムーズに言えるようになる

③ 経営チーム

　事業の成功は、**創業社長・新事業プロジェクトリーダーがどれくらいアグレッシブかつ賢く事業に取り組むか、どのくらい死にものぐるいで推進するかに大きく依存する。**

　その事業や顧客・ユーザーについて何時間でも語り続けられるほど研究熱心で、何が何でも成功させると断言するほどの取り組みがあって初めて事業は立ち上がる可能性が出てくる。これはベンチャー創業でも、企業内での新事業立ち上げでも同じだ。簡単にうまくいくようなものでは到底ない。まぐれで成功するようなことはほとんどない。

◆経営チームに必要な素質

　創業社長・新事業プロジェクトリーダーに必要な資質にはいろいろなことが言われている。成功された方、失敗された方を多数見てきた経験から、私はかなり単純な3つの基準で判断するようになった。

　一つはその**事業への熱意**だ。熱意がなければ、その事業や顧客・ユーザーについて何時間も語り続けられるほどの関心を持ち得ない。細部まで徹底的にこだわった製品・サービスを完成することができない。顧客満足度に細心の注意を払い続けることができない。事業が成功するまで何年もくじけることなく全精力を注ぎ続けることはできない。

　2つめは、**向上心**だ。向上心がなければ、成長し続けることができない。燃えるような向上心があって初めて、事業を立ち上げ中のものすごく忙しい時、あるいは睡眠時間を極限にまで削って製品・サービスを完成させようとしている時、自分の成長のために先輩の話を聞こうとか、勉強時間を確保しようとか、自分の課題に取り組もうとすることができる。製品・サ

ービスをもっともっとよくしようとか、顧客・ユーザーの声に敏感に反応する組織を作り上げようとかに全力を尽くす。

　3つめは、**柔軟性**だ。柔軟性がなければ、事業の競争状況が変わったり、チームの状況が変わったりした時に素早く対応できない。ターゲット顧客・ユーザーや製品・サービスなど、いざ始めてみると当初の仮定が間違っていたと気づくことはいくらでもある。その時、一度決めたからといって中々変えようとしなかったり、当初のビジネスモデルを変えることを躊躇したりすると、事業を成功させることはおぼつかない。柔軟性がない人には二種類あって、現実や人の意見を入れて変更することをすごく嫌がるタイプと、特に嫌がるわけではないものの変更することに時間がかかるタイプがある。後者はいわゆる頭が固いということで、中々切り替えができない。いったん何かを思い込んだら、環境変化に応じて考えを変えることができにくいタイプだ。これは非常にまずい。事業だけではなく、人間関係でも、会社生活でも、余計な苦労をしてしまう。

　熱意、向上心、柔軟性の3つであるが、ではどのくらい強ければOKなのだろうか。何％とも、何度とも、計測することができない。ただ、次のように考えたら十分実用的な基準になると考えている。

熱　意	その事業に対して誰よりも深く考え、何が何でも成功させたいという気持ちがある。失敗しても決してくじけることなく、成功するまでやり続けたいと考えている、と言えるかどうか。
向上心	成長意欲が人並み外れて強く、自分を成長させること、視野を広げること、新しいものにチャレンジすることに対して誰よりも熱心に取り組んでいる、と言えるかどうか。

柔軟性	状況変化に応じて何が最善か考え直すことが素早くでき、躊躇しない。自分の考えを明確に持っているのに、必要に応じて修正することが抵抗なくできる、と言えるかどうか。

 どれかに課題がある場合は相当苦労する。ひどければ確実に失敗する。スケートが滑れなければ、フィギュアスケートの選手になれない、というくらいに自明なことだ。ただし、どうしてもやりたいという熱意だけあって向上心、柔軟性に欠けている場合は、後に述べるメモ書きで改善でき、何とかなるので自分のことであればぜひ取り組んでみてほしいし、助言する立場の方であればぜひお勧めいただきたい。

◆**共同創業者の確保**
 ここまでは創業社長あるいは新事業プロジェクトリーダーについてであるが、非常に優秀な創業社長あるいは新事業プロジェクトリーダーでも、一人では大きな仕事はなしえない。ビジョンを共有する、スキルや性格的には補完的な**共同創業者、プロジェクトメンバーを確保することが成功の第一歩**となる。この場合も自分に準ずる熱意、向上心、柔軟性を持ったメンバーでないと、空中分解する危険が高い。

 一言注意すべきこととしては、創業社長あるいは新事業プロジェクトリーダーの熱意、向上心、柔軟性を事業計画の中に文章として表現することは容易ではない。ただし、投資家や会社の上司、経営幹部に事業計画を説明する際、隠しようがないほどはっきり伝わるので、自信がある人にとっては心配いらない。自信がない人は、ぜひメモ書きで普段から研鑽を積んでいただきたい。

「③ 経営チーム」の考え方・見せ方

　起業する場合は、創業社長と共同創業メンバーのプロファイルを考えよう。最終的には1ページにできるだけ詳しく書く。

◆説得力ある「経営チーム」の見せ方
　学歴、仕事上の経歴に加え、**事業への知見、事業を成功させる上で重要な経験、スキル**等はこの経営チームが事業を成功させられるのではないかという説得力を増す。
　もし、ある程度**有名な事業、サービスの開発等**に関わったことがある場合は、具体的に何に携わったか、どういう成果を上げたかを書くとさらに効果的だ。

　会社内で新事業を始めようとする場合は、ベンチャーとは状況が異なるものの、経営チームが極めて重要であることに差はない。このチームはすごいぞ、何かやりそうだと感じられるように書く。
　プロジェクトリーダーがある程度選べるならば、その新事業立ち上げをぜひともやりたいと思い、かつベンチャー的な素早い身のこなしのできるメンバーを選べるよう、社内折衝を進める必要がある。
　中堅・大企業の社長が本気で新事業立ち上げを推進する場合は、本人のやる気とコミットメントを確認するような選抜プロセスを必ず導入されたい。適任者が名乗りを上げた場合は、現職からの異動を前提とする必要がある。

④ 製品・サービスの内容と特長

【　製品・サービス内容をどうアピールしたらいいか　】

ここでは訴えたい製品・サービスの特長をどう見せるか考える。

自分が**一番自信があって、「売り」と考えている点をストレートに訴え**ることになる。

◆**違いを見せる**

特に、**従来製品・サービスとの差**がはっきりさせる必要がある。

投資家はその分野の専門家ではないことが多く、「これまではどういうふうにやっていて、それに対してどういう新しいやり方なのか？　どこが違っていて、このやり方がどれほど素晴らしいのか？」を丁寧に伝えないとほとんど理解してもらえない。

にも関わらず、投資家が皆、従来製品・サービスを知っているかのように端折っている事業計画が非常に多い（というか、ほぼ全部に近い）ので、きっちり書けば大いに差別化になる。端折るということは、ベンチャー創業社長としては手抜き以外の何物でもない。本気で売り込む気がないとしか言えない。ぜひ、誰にでもわかるように従来製品・サービスを体系的に並べ、それとどう違うのか、きっちりと書いて説明するとよい。

◆**営業的センスを見せる**

きっちり書いたとして、その上のステージとしては、**営業的センスが感じられる**ことだ。営業的センスとは、投資家や会社の上司、経営幹部から見て、「これはいい、これは成功しそうだ。彼ならやりそうだ」と感じさせる着眼点や表現方法だ。営業的センスを感じられる事業計画は本当に希

なので、ここを頑張って仕上げれば、投資家や上司をその気にさせる成功確率が大きく高まる。

◆買いやすさ、導入しやすさを見せる

　製品・サービスの特長として、機能が革新的であるものの導入コストは非常に低いとか、従来サービスからのスイッチングコストが低いとかを伝えるとぐんと説得力を増す。事業計画としての迫力がぐんと増す。

　良い製品・サービスではあるが、導入コストが上がったり、スイッチングコストが高くて普及しなかったり、と「あっち立てればこちらが立たず」が多いので、そうではなく、あらゆる観点から見て素晴らしいと訴え、それがストレートに理解されると、ほとんどこちらの勝ちだ。

　競合製品からのスイッチングコストが低くて普及しやすく、しかもいったん導入すると、スイッチングコストが上がって顧客・ユーザーが抜けにくくなるという製品・サービスは非常に高く評価される。

　何か勘違いしているのか「この製品・サービスはいい、素晴らしい」と連呼すればよいと思っておられる方に時々出くわす。これは熱意のはき違えだ。素晴らしいなら素晴らしい理由を丁寧に述べなければならない。相手のバックグランドと理解力に合わせて説明して初めてしっかりと伝わる。

　説明の内容、仕方を間違えると、聞く側は疑い深くなる一方だ。
　そうではなく、**顧客・ユーザーから見ての素晴らしさ、現実的なメリット、買いやすさ、導入しやすさ、従来サービスとの違い**などを誰が読んでもすぐわかるように書くべきで、事業計画全体の迫力が大幅に増す。

「④ 製品・サービスの内容と特長」の考え方・見せ方

　製品・サービスの内容と特長は、この分野に詳しくない人でも説明を聞いて「なるほどこれはすごい」と直感的にわかり、その人がまた他の人にわかりやすく説明できるかどうかが目安になる。まとめる際はできるだけ図を使い、数ページでわかりやすく書く。

　この分野に詳しくない人が「これはすごい」と思っても、いざ第三者に説明しようとすると、実は何がユニークかポイントがよくわからなくなることがある。わかったと思っても実は理解が浅かったり、製品・サービス自体、一見すごそうでいて、よく考えるとそれほど大したことがなかったりする。

　したがって、聞いて感動した人が第三者にも説明し、同じく感動を呼び起こすことができるかどうかが重要だと考えている。

　もし伝わりにくい場合、相手の頭が悪いとか、不勉強だとか、決してそういうことではない。ほぼすべてこちらの問題であることの方が多い。唯一、この分野に詳しい人だと、知りすぎていて細部にとらわれたり、また自分の存在意義が脅かされるので、目をつむりたい、理解しようとしないということもなくはない。

　技術系社長などの場合、プライドのなせるわざなのか、経営的視点の不足のせいなのか、自己満足的な説明になりがちだ。あくまで、「この製品・サービスは顧客・ユーザーの切実なニーズに対し、かゆいところに手が届いていること」、「他社よりは断然優れていて、今後もそれを継続できること」を第三者が読んですぐわかるように、客観的に説明することに心を配りたい。

STEP1 そもそも何なのか？　どこでどう使われるものか？

　その製品・サービスに縁が遠い人ほど、説明を受けてもどこでどう使われるものなのか、いったい何なのか理解できず、想像もうまくできないまま終わってしまう。その後の説明もすべて滑ってしまい、いらいらしながら説明が終わるのを待つか、「もういい！」ということになってしまう。
　重要な課題が何で、誰が困っていて、自分たちは何をしたいのか、説明した後でもそういう現象が起きがちだ。

　どこでどう使われるものなのか、どれほど重要なことなのか、相手がまだ理解していない前提で、ただし、くどくない形で説明する。技術的な説明よりも、**使われ方、効能**の方が伝わりやすい。伝わった後は、そもそも何なのか、どれほど喜ばれそうなのかを理解してもらいやすくなる。
　言いかえると、製品・サービスへの基本理解、共通基盤ができたかどうか、これがステップ1になる。

STEP2 特長、ユニークな点は？　今までとどう違うのか？

　製品・サービスへの基本理解、共通基盤ができたら、ここでその**製品・サービスがどういう特長を持つのか、なぜ自分はそこまで夢中になっているのか**、自分がいつどうして夢中になったのかを思い起こしながら説明する。

　何かが非常に新しいため、これまでにないものを提供できるため、当事者は夢中になる。夢中になっていることを伝えても滑るだけで、なぜ夢中になったのかを原点に戻って説明するとよい。
　一応意義は理解してもらったとしても、「そんなもの今までなかったの？」「何が新しいの？」「別にそんなことしなくてもいいんじゃない？」

という疑念は消えずにいると思った方がいい。

STEP3 誰がどう使うのか、読んだ人がイメージできるか？

ここまで来ても、「言いたいことはだいたいわかった。それで？」「何を言いたいの？」くらいが関の山だ。改めて、誰がどう使うのか、本人がターゲット顧客・ユーザーの気持ち、置かれた状況を十分想像し、痛みを自分のことのように感じ、喜びを自分あるいは自分の家族のことのように感じられるか、という観点で全体を見直す。書いたメモを見直してみる。

当事者になれば、当事者の状況を想像できれば、誰でも痛みも喜びも感じてくれる。

⑤ 市場規模・成長性

　市場規模・成長性に関しては、どのくらい大きな市場で、どのくらいのスピードで成長していきそうか、考える。

　市場規模、成長性は、事業の大きさを決める重要な要素になる。
　ターゲット市場がどのくらい大きいのか、具体的にはどこなのかを大づかみでもいいので描く。なるほど、それなら魅力的な市場だと思えなければ、事業計画全体の迫力が不足する。

　市場に関しては、成熟期で当面どこも動きそうにない市場よりは、水面下で何かが大きく変化しており、変化へのエネルギーが充満しつつある市場だと素晴らしい。顧客・ユーザーのニーズ、不満がかつてなく高まっており、まだ誰も解を提供しようとしていない状況であれば、なお望ましい。製品・技術のイノベーションが次のＳカーブに移るお膳立てが整いつつあることも、新たな市場が大爆発する前兆だ。

　これは、表現だけの問題では全くない。そういった市場を探し、的確にねらわなければ、事業として満足な結果を出すことは期待できない。もしベンチャー創業を目指すとか、大企業の新事業を立ち上げるのであれば、そういった構造変革への知見が非常に重要となる。それがあって初めて創業に踏み切らないと、後悔することになる。結果オーライということはほとんどない。結果オーライになる前にベンチャーは消滅している。

　構造変化が全く起きていないように見えても、多分、水面下ではいろいろな動きがある。どこかに制度疲労がある。どこかに飽き飽きした顧客・ユーザーがいる。声はまだ出していないかもしれないが、すべて安定し、

変化しない市場など中々ない。

　もしお考えの市場が本当にそうだとしたら、むしろそこに今から参入するチャンスが本当にあるのか、何を武器に殴り込もうとしているのか、改めて考えてみる必要がある。

> **市場規模は、**
> ・ターゲット顧客・ユーザーがどのくらいいて
> ・切実なニーズに対して今どのくらいお金を使っているか／使い得るか
> ・今回の新しい製品・サービスにどのくらい使ってくれそうなのか

を推定し算出する。

　わからないことも多いので、大胆に前提条件を置いて推定していくしかない。細かいところにとらわれても前に進まないので、まずは大ぐくりでとらえていく。

　英語スピーキング練習用アプリの場合、
- 20〜40代の人口の10%を対象とすると、国勢調査の人口ピラミッドから1歳あたり約150万人なので

　　150万人 × 30 × 10% = 450万人

- そのうち10%が有料ユーザーとなり、7%が月980円、3%が月1980円のコースに加入とすると

　　年商69億円の規模

になる。

　この場合、対象年齢の人口の10%と置いたのは、あくまで目安となる。中学、高校では100%の人が英語の授業を受けており、できれば英語を話せるようになりたいと関心を持っている人が30%以上いても不思議はない。ただし、英語の勉強を特別にしたいという人も多いし、競合アプリも

多いので、いったん対象年齢の人口の10％とした。

　日本企業のグローバリゼーションの進展、外資系企業の進出・M&A、東京オリンピックなど観光立国の進展等により、英語を話したい、話さなければならないニーズは今後さらに拡大していくことが十分予想されるので、本当に英語が話せるようになるのであれば、市場規模の成長が大いに期待される。

　有料ユーザーを10％と想定したが、これは2〜15％などの幅で振れると考えられる。こういったネット系のサービスの課金率等を一つの目安にし、競合サービスとの価値比較から最終的には決まってくる。

タクシー予約アプリの場合、
- 30〜50代の人口の2％を対象とすると
　　150万人 × 30 × 2％ = 90万人
- 月額500円の場合は、年商54億円の規模

つけ爪ECサロンの場合
- 20〜40代の女性人口の2％を対象とすると、
　　75万人 × 30 × 2％ = 45万人
- 月額880円とすると、年商47億円の規模

　以上のように、市場規模と成長性は、**可能な範囲で仮定を置き、おおよその目安として算定**する。これ以上、精密な推定は現実的ではなく、検討しているビジネスがどの程度の市場を対象にしており、ニーズの掘り起こしに成功すればどういった振れ幅で伸び得るのかの肌感覚があれば、実際のところは十分である。

「⑤ 市場規模、成長性」の考え方・見せ方

　これから始める新しい事業に関し、市場規模を正確に推定することは現実的ではない。もし資金調達を考えていて投資家と話す予定の場合も、正確な推定はあまり期待していない。

　ただ、大づかみで明らかに大きな市場があること、そこにはどういう構造変化が起きつつあり、今参入すればチャンスがあり、おおよそどういった規模になりそうか全体観を示し、概算でよいので見積もる必要がある。

　構造変化への仮説立案が具体的で細かいほど、前提条件が明示されているほど、大よその方向性についての説得力は増す。

STEP1 どういう顧客・ユーザー、競合企業、関連企業がいるのか？

　対象として考えている市場にはどういう顧客・ユーザー候補がいるのか、その中で**ターゲット顧客・ユーザーはどこに位置するのか**、そこへのアプローチがどのくらい有効で賢いものなのかを書いてみる。

　市場には必ず競合企業が少なからず存在している。全くの新市場であっても顧客・ユーザー候補がこれまで他に使っていたお金、使っていた時間をこちらの製品・サービスに投入していただかなければならない、という意味において、広い意味の競合は存在する。

　どういう競合に勝って、事業を伸ばしていくのか、どの範囲では勝てそうなのか、という基本的な整理がまず必要となる。

　市場には競合ではないが事業に関連する企業がいくつか存在することがよくある。事業の基となる販売チャネルやプラットフォームを提供してくれたり、製品・サービスを成り立たせるサポートをしてくれたり、製品・サービスの素晴らしさを顧客・ユーザーに伝えるメディアの役割を果たし

てくれたりする。

　これらを**味方につけるか、中立か、やや敵対的か**は大きな差を生むので、これも整理しておく。

```
英語ペラペラになるアプリ　競合企業　　　　　日付
-英会話学校（グループレッスン、個人レッスン）
-スカイプ英会話（いつでもできる、先生とできる）
-英会話喫茶（気軽に話ができる、出会いがある）
-CNN等のTV（無料、聞き流しできる）
-TED、Youtube、Podcast（無料、優れた内容のものが多い）
-英語学習アプリ（多数あるが日本人がなぜ英語ができないのか
　　　　　　　　あまり考えられていない）
```

STEP2　市場はどんな構造で、どういう変化が起きつつあるのか？

　どんなに成熟した市場に見えても、そこには何らかの構造変化が少なからず起きている。街のラーメン屋さんであっても、スープの種類、麺の種類、ゆで方、トッピングの種類などラーメンそのもの、さらに店構え、出店場所、宣伝・販促の仕方、店員の服装・接客姿勢等々、常に変化している。

　表面的な変化もあれば、**構造的変化**もある。水面下での構造変化が進み、ある時、一気に表出することもある。これらをわかりやすく説明する。

　その事業に本気で取り組み、熱意を持って考え、情報収集していなければ到底見えないものも多い。長い間その分野で仕事をしており、全部わかっていると思っても、むしろそう思うからこそ、見えなくなっている部分が多いので要注意だ。先入観なしに、自分の利害関係なしに、勝手な希望なしに見据える必要がある。

一方、画期的な新製品で新市場を作り出すのだと意気込んでいる場合、前述のように本当にニーズがあれば、顧客・ユーザー候補は何らかの形でお金・時間をすでに何かに投入していることが多い。それが何であり、どう言って全く関係ないと思っている顧客・ユーザー候補に驚きを伝えるのか、どうやって彼らの口コミの世界に登場するのか、どこからこの「既存市場」を動かしていくのか、よくよく考える必要がある。

STEP3 対象とできる市場の規模はどのくらいか？　どのくらいの成長が期待できるか？

　市場の全体構造と起こりつつある構造変化がある程度見えたら、その中でどの部分にどうやって働きかけていくか、どの部分はどのくらいのスピードでどう掘り起こしていくことができるのか、自分なりに試算する。

　スマートフォンの全国での普及率等は、ネットで検索すれば比較的容易に把握できる。それが2年後どうなるかは探せば見つけ出せる場合もある。7大都市圏を対象にした場合は、前提条件をいくつか置かないと試算できないかもしれない。前提条件に対しては、それぞれ条件としてその数字を選んだ理由を明記しておく。将来を完全に推測することはできないが、投資家や会社の上司・経営幹部が聞きたい程度の大きな方向を示すことはできる。

　細かいことを全部聞きたがる上司・経営幹部の場合はやっかいだ。自分で新事業を立ち上げたことのない上司・経営幹部の場合、何ら悪意はなくても、すべきでない質問、要求をすることで新事業の足を引っ張ることが非常に多いので、できるだけ初期の段階で顧客・ユーザー候補と接する機会を作り、理解してもらっておく必要がある。

途中からだと疑念を持って見られることがあり、一度そのモードに入ったら新事業の芽をつぶすことは非常に容易だ。

2日目
事業計画の全体像をいったん作る②

　2日目は、「事業戦略と競争優位性」「事業提携と実現方策・シナリオ」「利益を上げる仕組み（ビジネスモデル）」「組織体制」「実行計画」までを整理し、どう賢く事業を立ち上げ、どういう組織体制で進めるべきかを整理する。
　ここまでを考えると事業計画の全体像が見えるので、初日にカバーした内容も合わせ、もう一度全体を吟味する。

① 解決すべき重要な課題とターゲット顧客・ユーザー
② 事業ビジョンとその達成ステップ
③ 経営チーム
④ 製品・サービスの内容と特長
⑤ 市場規模、成長性

⑥　事業戦略と競争優位性
⑦　事業提携と実現方策・シナリオ
⑧　利益を上げる仕組み（ビジネスモデル）

⑨　組織体制
⑩　実行計画

　この時点で事情を知らない家族、友人、知人、同僚などに説明して
「え？　ほんと？　すごいじゃない！　いつから使えるようになるの？　どこで買えるの？」
　と大いに期待されれば相当に筋がいい。消費材でない場合は、
「え？　すごいね！　こんなに困っている人がいるんだね。これが出たらすごく喜ばれそうだね！！」
　と感心されれば、多分、筋がいい。

　ただ、99％はそういう幸せなことは起きず、
「え？　それで？　何？　何が言いたいの？」
「あなたの説明さっぱりわからない！」
「え？　それで誰が何で困ってるって？　これがいったいどういうふうにいいのよ！」
　で終わってしまう。なので、2日目の大半はこういった反応を真摯に受け止め、客観的な視点から事業構想から組織まで見直し、さらに頭をひねって改善し続けることになる。

　まだわずか2日目だ。あせることはない。あれこれ悩んでも内容は大して深まらない。悩むよりは頭に浮かぶ内容をどんどん吐き出していく方が次のステップに進みやすい。

1日目 ▶▶ **2日目** ▶▶ 3日目 ▶▶ 4日目 ▶▶ 5日目 ▶▶ 6日目 ▶▶ 7日目

⑥ 事業戦略と競争優位性

【　事業戦略　】

　1日目の①〜⑤を踏まえて「戦略」を考える。具体的には以下となる。

> (1) ターゲット市場での競争の本質
> (2) そこでの事業成功の鍵
> (3) 事業戦略の要点
> (4) 優先順位付けと経営資源配分
> (5) 製品・技術ロードマップ

「戦略」という言葉は乱用されており、あまり意味がないことも多々あるので、私はほとんど使わない。ただ今回の場合は、市場、顧客・ユーザー、競合、自社、技術動向等を見た上で、「なるほど、その手があったか」という視点を少しでも盛り込もうと考え、このようなテンプレートを示した。

(1) ターゲット市場の競争の本質

　ねらっている市場でどういう競争が起きているのか、情報を集め、考えをまとめる。

　英語スピーキング練習用アプリの例で言えば、

> - 英語へのニーズが強い中で、参入プレイヤーが多い
> - 誰ひとり十分な解決策を提供しておらず、ユーザー満足度も低い
> - 気休め的サービスが多い
> - 実際に英語を話せるようになるというユーザー体験を提供すれば、競争との差別化がかなり明確に提供できる
> - ただし、ユーザーの英語力、理解、期待はかなりばらつくので、競合の誘導に惑わされないようなブランディングが必要

タクシー予約アプリの場合は、

- 近い機能を提供する競合はまだない
- 既存のタクシー予約サービスとの競合になるので、違いを明確に打ち出すことが必要
- 近い機能を提供する競合はいつでても不思議はない
- シェアを早く押さえたものが新市場の大半を押さえる「早い者勝ち」

つけ爪ECサロンの場合は、下記が競争の原点となる。

- つけ爪ショップからユーザーを獲得すること
- これまでネイルケアに踏み出せなかった層に訴求すること
- マニキュアから転換していただくこと

(2) そこでの事業成功の鍵

ターゲット市場で事業を成功させるための鍵、ポイントを整理してみる。新しいタイプの事業の場合、簡単ではないが市場での競争の本質に基づき、仮説ベースで書く。

英語スピーキング練習用アプリなら

- 英語を話せるようになるというユーザー体験を提供し、安心していただくこと

タクシー予約アプリの場合

- どこでも手間なく5分程度でタクシーを提供できること

つけ爪ECサロンの場合

- 自分の爪に合った可愛いつけ爪を手間なく提供し続けること

(3) 事業戦略の要点

「ターゲット市場の競争の本質」と「そこでの事業成功の鍵」を踏まえ、事業を成功させるための今回の自分の方針を「事業戦略の要点」として整理する。

英語スピーキング練習用アプリの例で言えば、

- 英語を話せるようになり、それを体感できることに最大限力点を置く
- 商品力ではっきりと差別化する
- 次々にバージョンアップを繰り返し、英語を話せるようになる唯一のスマートフォンアプリとしての地位を確立すること

タクシー予約アプリの場合

- 都市ごとに主だったタクシー会社との提携を進め、早く新市場を押さえてしまうこと

つけ爪ECサロンの場合

- 指にフィットし特別に可愛い手軽なつけ爪として認知され、デザインにおいてトッププレイヤーとして走り続けること
- 女性が憧れるタレントのマーケティング活用

(4) 優先順位付けと経営資源配分

最初に何を絶対に実現すべきか、次に何を実現すべきか、経営資源の配分が事業戦略に沿って明確に実施されていることを表現する。非常に多くの場合、大事だとわかっていても、時間を割かなかったり、投資しなかったり、後回しにしたりすることが起きる。

そうしないよう、適切な経営資源配分をし、どうメリハリをつけるべきか表現する。

(5) 製品・技術ロードマップ

技術動向、開発状況等を受けて、第1段階、第2段階、第3段階とどのように製品・技術の開発を進めていくのか、表現する。

英語スピーキング練習用アプリの例で言えば、

> 第1段階：会議等で頻度の高い文をダイナミックに提示、スピーキング反復練習
> 第2段階：シャドーイングの録音・再生と採点結果の提示
> 第3段階：アバターとのシチュエーションごとの自動対話機能の提供

タクシー予約アプリの場合は、

> 第1段階：自分の周辺のタクシーを表示し、配車
> 第2段階：5分以内に到着できるタクシーを配車
> 第3段階：頻度の高い利用シーンに基づき、待ち時間を最短にする事前配車の実現

つけ爪ECサロンの場合は、

> 第1段階：お客様の爪に合わせたつけ爪の提供
> 第2段階：お客様の趣味・嗜好に合わせたつけ爪を選択して提供
> 第3段階：お客様の趣味・嗜好に合わせたつけ爪を個別にデザインして提供

【 競争優位性 】

どんなビジネスでも競争相手がいる。競争がない世界は残念ながらほとんどない。始めた時に競合がいなくても、魅力的なビジネスであれば必ず誰かが参入してくる。

競争優位性の思考ポイントは、下記の通りだ。

> (1) 代替品に比べてどれほど優れているか
> (2) 導入がいかに容易か、抵抗がないか
> (3) いったん採用されたら、他社製品、代替品への切り替えがいかに困難か。つまり顧客・ユーザーにとって不可欠の存在になるか
> (4) 既存勢力が既存の利益を損ねるので身動きを取りにくいか
> (5) 可能な限り、単独の製品・サービスではなく、プラットフォーム化できるのか

これらが多ければ多いほど、より優位になる。順次詳しく説明する。

(1) 代替品に比べてどれほど優れているか

およそどのような製品・サービスにも何らかの代替品が存在する。それらに比べてどれほどすごいのかを考える。

どういう特長があって、どうして簡単にはマネされないのか、という売り文句をきっちり言う必要がある。いざ改まって書こうとすると結構書きにくい。書きにくいとしたら、それは多分文章力などの問題ではなく、内容があまりないからだ。

まずは、本当にユニークなのか、差別化しているのか、それを簡単に口で説明できるのかを見直す方がよい。人のマネは嫌だ、という気持ちが出発点になるし、こんなに深刻な課題に誰も答えを出していない、じゃあ自

分が解決しようという気概が鍵だ。中身さえあれば、表現は何とでもなる。

(2) 導入がいかに容易か、抵抗がないか

　よい製品・サービスは、通常すぐ使うことができ、ごく自然に馴染んでしまう。導入の手間がほとんどかからず、ユーザーの抵抗感もない。なので、あっという間に広まっていく。

　一方、どんなにユニークで自信のあるものでも、使いづらければ広まりようがない。自己満足に陥りがちなので、特に注意する必要がある。

(3) いったん採用されたら、他社製品、代替品への切り替えがいかに困難か。つまり顧客・ユーザーにとって不可欠の存在になるか

　少しうまくいくと、必ず誰かがマネをし、多くの場合、よりよい商品を投入してくる。自社の製品・サービスを徹底研究し、穴を突いてくる。一番嫌な方向から攻めてくる。その時、簡単にひっくり返されるようでは、いくら頑張っても伸び悩む。

　先行優位を活かして、いったん採用されたら簡単に置き換えられないような仕組みを最初から考え抜き、仕込んでおくことが大切だ。

　例えば、英語スピーキング用のスマートフォンアプリであれば、学習状況や覚えた単語帳、一緒に勉強している仲間とのコミュニティに価値があり、いったん使い慣れた場合はサービスそのものによほど大きな不満がなければ切り替えようとは思いにくい。

　タクシー予約アプリであれば、使えば使うほど優先的に配車してもらえたり、よく向かう先などが使いやすく整理されていると乗り換えしづらい。

　つけ爪ECサロンであれば、自分の指の型を取っておりぴったりとしたつけ爪で、しかもまさに自分好みのデザインが毎月送られてくるので、ちょっとやそっとでは他のサービスに移りづらい。

(4) 既存勢力がいても、既存事業の利益を損ねるので、身動きを取りにくいか

既存勢力は自分たちの製品・サービスである程度の期間利益を上げており、それが基幹事業になっていることがほとんどである。したがって、競合が新しい仕組みで製品・サービスを導入しても、既存のビジネスを壊すような形での対応は中々取りづらい。

例えば、英語スピーキング用のスマートフォンアプリであれば、対面で英会話を教えることで収益を上げている会社にとっては高額の対面授業の妥当性が問われるようなことになり、中々全面的に導入しづらい。補完的に使うとメリットがあるとしても、なんだ、こっちだけでも結構いいし、何よりずっと安くていい、ということにはなってほしくない。

タクシー予約アプリは既存勢力がない新しいサービスなので、特に関係はない。ただ、注意すべきは、まさかという方向から横やりが入ることがある。のんびりやっていたタクシー会社にとっては、頑張れば頑張るほど業績をよくするタクシー会社が出ることが必ずしも嬉しくない、ということがままある。楽をしていた運転手にとって、頑張る運転手が売上を上げることを許せないということもままある。そういった勢力が族議員を通じて国土交通省に働きかけ、こういったアプリは運転上危険であるとか不正競争になるなどの理由で潰しにかかることは、十分予想しておかなければならない。

つけ爪ECサロンの場合、通常のネイルサロンは対面でサービスを提供しておりネイリストも多数抱えているため、その仕事がなくなる方向の事業展開、サロンの存在意義がなくなるような展開は、もしそれがよいとわかっていても取りづらい。

(5) 可能な限り、単独の製品・サービスではなく、プラットフォーム化できるのか

　IT系のサービスでは、プラットフォーム化が重要なアプローチである。アプリを出しても、それだけでは当たり外れもあるし、人気が出たとしても事業としての継続性があまり期待できないことが多い。

　それに対して、プラットフォームとは、顧客・ユーザーを囲い込み、継続的に新しい製品・サービスを提供し、かなり長期にわたって顧客・ユーザーに満足していただける場のことを言う。
　多くの場合、課金を簡単にできるようにしたり、顧客・ユーザー間のコミュニティを作ったりすることで、顧客・ユーザーの離脱を防ぐ。

　また、プラットフォームは通常、他のデベロッパーにプラットフォーム内の顧客・ユーザーへのアクセスを一定制限のもとで提供することで、サービス売上の一部を徴収する。自社だけではなく他のデベロッパーが頑張って優れたアプリ・サービスを開発し顧客・ユーザーに提供するため、競争原理も働き、顧客・ユーザーの満足度も上がる上、利益率が非常に高くなる。

　さらに、

- 現時点でどのくらいリードしていると考えられるか
- 今後もリードし続けられるどのような仕組み・プラットフォームを作ろうとしているのか
- 次々に新しい製品・サービスを出すスピードをどう実現するか
- 気ままな顧客の要求をどう満足させ続けるか

といったことまでカバーすると、競争優位性についてより広い視点で見ることができる。

◆競合を知り、進化も予想する

英語スピーキング練習用アプリの場合、競合には、

- 英会話スクール
- スカイプ英会話
- 英語学習アプリ

などがある。

英会話スクールは、月額単価が高額である上、場所も限られるため、受講できる人が比較的限られる。また、英会話講師とのレッスンも、最初はよいが何回かするとマンネリ化してしまう。"How are you?" とか、"I was born in Tokyo" とか言う言葉も表面的な変わり映えしない会話になってしまう。もちろん、英語教師の力量にかかっているところもかなり大きい。

スカイプ英会話は、比較的安価で時間も自由度が高いが、フィリピン国立大学等の英語ネイティブ講師とスカイプで話すだけであり、実際にやってみると飽きやすく中々長続きしづらい。今回例としてあげた英語スピーキング練習用アプリは、24時間好きな時間、隙間時間を活用できる利便性があり、英会話、スカイプ英会話との併用も十分考えられる。

また、**競合の進化を予想**して比較することが重要だ。

数年先に出す予定の自社の商品が今市場にある競合製品に比べて優れている、という説明は全く意味がない。競合相手のこれまでの製品・サービスの発展状況からこういう製品・サービスを出してくるという予測を立て、それと比較し、桁外れによいことを説明しないといけない。

より望ましいのは、「**既存勢力や競合他社が追従したり対抗しようとしても、彼らの現在の利益を損なうことになり、身動きがとれない**」という、競合他社にとっては痛し痒しで対応しにくい状況で、それをわかりやすく書くと迫力がぐんと増す。

試験条件の違い等、わかる範囲で漏れなく示し、後で突っ込まれて弁明

し信頼を傷つけたりしないよう留意する。こちらには全く悪気がなくても、結果として説明が漏れ、質問されて条件の違いや、条件の違いによって隠されていた短所などが露呈すると、かなりまずいことになる。

◆知的財産と特許

知的財産については、「知的財産についても十分検討し、関連技術の全体像とその中での当社技術の位置づけをしっかりと押さえている。必要な権利は全部押さえ、競合他社の参入を防ぐ的確な戦略を取っている。特許申請については、当面の費用を抑えつつ進める」と取り組み姿勢に納得できるように書く。

特許を多数申請・取得した企業が膨大なリストを添付するケースをよく見るが、それが錦の御旗のようだと投資家は逆に疑いの念を起こす。事業の実態については説明が貧弱なことが結構多いからだ。事業の実態がどうなのか、売上・利益を今後急拡大させていけるのか、特許がいかに競争優位性上重要で、事業にどのように貢献するのか、素人にわかるように書く。

特許申請等をあまりしていない企業は、本事業にとって特許が特に重要ではないこと、それ以外の部分で十分競争優位性があり、かつ維持できることを示す。知財については特許とともにノウハウも非常に重要であるので、どう蓄えているのか、どう活かしていくのかの概要を示す（NDAがあっても、内外含めて書類流出の恐れが常にあるので、この部分は主に口頭で伝えるに留めておく）。

「⑥ 事業戦略と競争優位性」の考え方・見せ方

　最初非常にユニークと思うくらいでも、ほとんどの場合マネをされるか、似たような商品・サービスが出てくる。市場導入時だけではなく、その後も勝ち続ける、売れ続けると信じる根拠を第三者が納得できるように表現する必要がある。

　したがって、「これなら勝つ、手ごわい相手にも十分勝てそうだ」とこの分野の**素人が聞いて納得できるように書く**ことが重要で、「技術が素晴らしい」という説明だけでは不十分だ。

STEP1 製品・サービスは十分ユニークか？　競争優位性は？

　すでに書かれた「製品・サービスの特長」を振り返りながら、**どこが本当にユニークなのか、顧客・ユーザー候補、競合企業の立場から徹底的に吟味**する。

　この時はそれこそ、競合企業の名前を大きくマジックで書いた帽子を被って彼らの立場でこき下ろしてみるくらいでちょうどいい。さらに、顧客・ユーザー候補の立場でどんなに嬉しいのか、どんなにつまらないと思うのか、書き出してみる。

　顧客・ユーザーが大いに喜んでおり、競合企業の社長が実に悔しそうな顔をしているところがイメージできれば、まずは及第点だろう。

英語ペラペラになるアプリのサービスはどうか　　日付

－何十回も同じ文章を読みあげてもらうのはどうか

－しゃべるべき内容は多分300くらいの例文で足りるのでは？

－ペラペラになるには、相手の言うことがほぼ理解できるようにする必要がある

－英語で話すときの基礎的な知識をどう補うべきか？

計画書としてまとめる際、**競合製品・サービスとのスペック比較**はできる限り含めたい。これ1ページで誰の目にも、自社製品・サービスが最も優れていることがわかるよう、一人よがりにならないように書く。

STEP2 競合はどう出てきそうか？ どう対抗するか？

出発点でどんなに素晴らしくても、成功すればするほど、反響を呼べば呼ぶほど、あっという間に競合が数社あるいは数十社現れる。やめてくれと思っても勝手にはびこる。苦労して考えた製品・サービスの全くそのままのことも多い。技術に自信があっても、驚くような手を使ってマネをしてくることもある。

自分がある程度以上成功した時、上記のような競合が出てきても何とか勝ち続けるにはどうすべきか、あるいはなるべく簡単には競合が出てきにくいようにするにはどうすべきか、一応作戦を立てておく。

STEP3 戦略=「こうやって勝つ！」を簡単に言うと？

ステップ2を受け、自分なりの勝算をあらためて整理する。

英語スピーキング練習アプリ、タクシー予約アプリ、つけ爪ECサロン、ウェブ開発、Eコマース、デザイン、アクセサリーショップ等、事業の種類に関わらず、こうやって勝つ、こうやって事業を成功させる、という方針を書いておく。難しく言うと「事業戦略」であるが、この言葉はあまり気にする必要はない。「賢く事業を進めるやり方」程度のことだ。

英語ペラペラになるアプリでこうやって勝つ！　日付

- しゃべれるようになったという実感を与える
- 本当に臨機応変にしゃべれるようになることより、その感じが大切
- 一人ではどうしても脱落するので、成長目標を宣言してもらう
- 友人からの励ましと本人のプライドをうまく活用する

⑦ 事業提携と実現方策・シナリオ

【 事業提携 】

　事業提携は、事業を速く立ち上げるため、他社と合意し、協力して進めることを言うが、**お互いの強みを持ち寄るため、うまく実現できれば事業の成功確率が上がったり、成功規模が大きくなったりする。**

英語スピーキング練習アプリの例でいえば、
- 英会話学校と共同して教材を開発
- ソフトウェア開発会社と共同してスマートフォンアプリを開発
- 音声技術を持つ会社と共同して音声認識エンジンを開発
- 携帯電話販売会社と提携して携帯電話販売時に販売してもらう

タクシー予約アプリの例でいえば、
- タクシー会社と提携して多数のタクシーを確保
- ソフトウェア会社と共同してスマートフォンアプリを開発
- 地図提供会社と提携して待ち時間を最小にするタクシー配置・移動システムを開発

つけ爪ECサロンの例でいえば、
- ネイルサロンと提携して毎月多数のネイルデザインを用意
- デザイン学校と提携して若くセンスのよいデザイナーを続々と発掘
- ECポータルと提携してプロモーションを効果的に進める
- 3Dプリンティングサービス会社と提携してつけ爪を指にフィットさせるための型取りをする

やり方によるが、単独ですべてやろうとするよりも**はるかに資源が少なくてすみ、事業立ち上げのスピードが早まり、成功確率も高まる**。あまりにも自明なことだが、自分で何でもできる、何でもやるべきだという誤った考えにとらわれがちなので、気をつけたい。

常に事業提携の可能性を十分考慮して事業計画を検討し、すでに確定した事業提携と交渉中の事業提携をわかりやすく説明する。ただし、双方とも、公知であるものを除き、書類上は名前を当面伏せておく。

◆事業提携先の選定の実際

事業提携では「強みを持ち寄る」というところが鍵であり、こちらに強みがあまりなければ、よい交渉ができず、残念なことになる。

英語スピーキング練習アプリの例で言えば、著名な英会話スクールや、英語学習教材を開発・販売している有力出版社との提携がまず思い浮かぶ。あるいは、ユーザーが集まって勉強する機会を提供することで、継続率を高め、学習効果を上げることを考えると、有力なカフェ・ファミリーレストラン等との提携も新たなトレンドを作り得る。

ただ、こちらにほとんど何の実績もなければ、最初から市場の代表的プレイヤーが相手をしてくれることは考えにくい。ユーザー数が急増すれば交渉力がつくので、最初は事業提携なしでどう立ち上げていくかを考える必要がある。こちらにユニークな強み、特長があれば創業初期に提携を決めることももちろん不可能ではない。ただ、根拠のない大言壮語は、事業計画の信頼性を傷つけるので、あまりお勧めしない。

タクシー予約アプリで言えば、大都市圏の有力タクシー会社との提携がビジネス立ち上げ上、必須の条件になる。自分自身、あるいは創業メンバーにタクシー業界に強い人材がいれば比較的話は早い。事業構想の最初の段階から、現場の事情を踏まえた事業計画の検討ができる。この場合、親しいタクシー会社の幹部に相談し、アイデアに共感してくれるか、こうい

った業務提携が可能かどうか確認することが第一歩だ。話がすぐまとまればよいが、そういうことはまずない。その会社とはまとまらなくても、「業界構造がわかっていて、強い競合もまだいないので何としても成功させたい」と闘志が湧いてくるのであれば、突き進むべきだ。

そもそも、1社2社で相手が見つかるほどやさしいものではない。解決すべき課題と自分のアイデアに自信があるのであれば、相当数当たってみる必要がある。

例えば、東京のタクシー業界が大手5、6社で大半を占めているようであれば、10社も行けば十分だろうし、もっと細分化されているようなら、関心を持ってくれるタクシー会社幹部に会えるまで30社でも40社でも行くしかない。

7、8社にコンタクトしようとするだけで疲れ切ってしまうようであれば、こういった事業提携はおぼつかない。自社だけでできる事業、他人依存しない事業のアイデアを追求しなければならない。

ただ、もし自分が苦手だとしても、飛び込み営業に長けており、断られることを全く気にしない、線の太い共同創業者がいれば、何とかなる。アグレッシブな営業を売り物にした企業の営業マンは、何十件行こうがほとんど疲れを知らない。鍛え抜かれている。

つけ爪ECサロンで言えば、有力なネイルサロン、有力なつけ爪ショップあるいは、有力なつけ爪加工会社との提携が出発点となる。また、女性向けのサービス、商品販売を事業としているネット系の企業あるいはアパレル・ファッション系企業も対象となりうる。

【　事業提携のシナリオ　】

事業提携を説明する際、ねらいとアプローチを明確に表現する。

自社のバリューチェーン（上流から下流までの仕事の流れ）のどこでどのような提携をするのか、競争優位性の強化にどうつながるのか、費用対効果をわかりやすく書く。提携により、自社がいかに強みに集中し、ユニークな価値の提供に集中できるのか、自社の弱みをどう補完するのか、提携先を含むグループ全体として、競争相手に対し、どれほどすごい力を発揮できるのかなどが事業計画上、大いに説得力を発揮する。

英語スピーキング練習アプリであれば、
- 脱落しがちな日本人英語学習者が不思議なほど毎日継続し、はまって使い続けるための工夫に集中できる。

タクシー予約アプリであれば、
- どういう状況でも95％以上の場合で待ち時間を5分以下にするためのシステム構築に集中できる。

つけ爪ECサロンであれば、
- 顧客一人ひとりの好みを徹底的に把握し、反応をきめ細かく見つつ、好みに合わせたデザインを毎月お届けすることに集中できる。

　事業提携は相手のあることなので、こちらの思い通りにはいかない。すでに事前に話を進め合意していれば理想的だが、多くはこれから話をし、合意を取り付けなければならない。

　したがって、事業計画には、何に関して事業提携をしようと考えているか、それぞれに関してどういう事業提携先があるか、**ターゲット候補3社ずつ、次善の候補5社**などをあげ、どうやってアプローチし、どう口説くのかをある程度明確にしておくことが必要だ。

「⑦ 事業提携と実現方策・シナリオ」の考え方・見せ方

STEP1 提携の必要な機能ごとのベストな提携先は？

　提携の必要な機能ごとに、**ベストな提携先を数社ずつ想定し、提携実現までのシナリオを描く。**

　提携に対し、

- 先方がどういった関心を持つか
- どういうアプローチが最も効果的か
- どういう順でアプローチするか
- どういったシナリオを想定しておくべきか

といった点を整理しておく。

```
英語がペラペラになるアプリの提携先                日付

- 英会話学校と共同して教材を開発
- ソフトウェア開発会社と共同してスマートフォンアプリを開発
- 音声技術を持つ会社と共同して音声認識エンジンを開発
- 携帯電話販売会社と提携して携帯電話販売時に販売してもらう
```

STEP2 提携メリットは？

　ある程度土地勘があるならば、「こういう会社とこんなにうまく提携してやっていくのか、これなら人の力もうまく活用し、自社の強みに集中して事業を立ち上げることができるな」と納得してもらえるように書く。

　提携先企業の業界内での地位、強み、事業提携により両社の享受するメリットを端的に書けるかどうかも重要な指標になる。

　さらに、提携先の企業との**関係の強さ、信頼感の強さ**を簡潔に表現する。

例えば、先方の社長と長期間この業界をリードしてきたこと、創業前の会社で先方社長と取引の実績があり、相互の信頼関係が深いこと、経営幹部との強いつながりがあることなどだ。

STEP3 最大に大きい絵は？

注意としては、「こんなすごい企業と提携なんかとてもできないだろう」と勝手に決めつけず、まずは最大に大きい絵を描いてみることだ。アプローチしてみなければわからないことも多い。

ドラフト第1版としては、「こういう会社とこういう組み方をできるといいなあ」という妄想を書くといい。視野を広げて大胆に考えなければ、どうしても矮小化しがちな領域だからだ。

STEP4 当社の強みは？

もちろん、こちらに強みがないと、単なる妄想に終わり、現実性が全く感じられないことになる。あくまで自社が得意な領域に集中することで、規模としては自社よりはるかに大きかったり、技術力を持っていたりする他社と比較的有利な事業提携を結ぶことができる。自社が得意な領域以外をなるべく他社に頼ることで、事業立ち上げのスピードを大幅に上げることができる。

当初は交渉力がないので、それでもどうやって交渉を有利に進めるか、資源・実績の少ない立ち上げ期にどういう形で他社を活用できるか、頭のひねり所となる。事業提携は交渉事なので、こちらの交渉力によって素晴らしい提携もできれば、到底受け入れがたい条件を提示されることもある。

⑧ 利益を上げる仕組み（ビジネスモデル）

　事業なので、どうやって利益を上げるのか、どういう仕組みで利益を上げるのかが何より重要だ。このことを**ビジネスモデル、収益モデル**ということも多い。

【　15のビジネスモデルオプション　】

　ハードウェアや単純なサービスの時代は、それを提供し、売って対価をもらっていた。

　本に関して言えば、書店で本を売ることが一般的であったが、インターネットとその結果としてEコマースが発展すると、リアル店舗ではなく、インターネット上に店舗を構え、販売する電子書店が登場した。ビジネスモデルとしては、この段階ではまだ比較的単純なものが多い。

　電子書籍の時代になると、ここが大きく変わりうる。紙の本と違って印刷代が全くかからない。写真が豊富にあってもPDF自体のコストは微々たるものだ。それどころか動画までついて来る場合もある。その場合、電子書籍はただで配って、その代わり、電子書籍内に広告を出す形でも収入を得ることができる。新しいビジネスモデルの始まりだ。

　あるいは、電子書籍はただで配って、読者のコミュニティを作り、そこでの関連グッズ販売で収益を上げるケースも出てくるだろう。電子書籍に登場するキャラクターの人気が出れば十分にあり得る。

　電子書籍をただで配ったり書評を書いてもらったりすることで広く知られファンを多数獲得した後、同じ書籍の紙版を書店やネットで販売して収益を上げる、という方法もある。

音楽に関しても、長らくレコードやCDの売上が収入であったが、CD販売はあくまでプロモーションとして位置づけ、コンサートからの収益（入場料＋グッズ販売）を主軸にする先進的なミュージシャンもいる。

TVは、人気を呼びやすいコンテンツを無料で提供する代わりにCMを間に多数はさんで提供することで、広告収入を得てきた。TVをビデオ録画して後で見ることでCM飛ばしが一般化したのは、つい最近のことだ。

CM飛ばしが常態化すると、CM収入を得ることが難しくなるため、TV局はビジネスモデルの変更を迫られている。

有力TV会社がソーシャルメディアの活用を進めたり、ベンチャーへの投資を積極的に進めたりしている背景にはこういった点がある。

このように、何で実際に収入を上げるかの手法は、多種多様になってきている。既成概念では全くとらえきれない。まさに知恵の出しどころであり、他人と視点が違っていればいるほど、新たなビジネスモデルを考えるベースになる。

利益を上げる仕組み、すなわちビジネスモデルには多様なオプションがある。

(1) 製品・サービスを販売して、それに対する対価をいただく
(2) 製品をリース会社に販売して、リース会社からリースする
(3) 製品を無料かかなり安価に配布して、月額使用料をいただく
(4) 製品を無料かかなり安価に配布して、月額のメンテナンス料をいただく
(5) 製品・機材を無料かかなり安価に配布して、消耗品を販売する
(6) 製品を無料かかなり安価に配布して、広告収入を得る
(7) 製品を無料かかなり安価に配布して、利用状況等の情報を外部に販売する

(8) サービスを無料で提供して、一定以上の利用量に応じて課金する
(9) サービスを無料で提供して、プレミアムサービスの会費を取る
(10) サービスを無料で提供して、サービス内で使うコイン等をアイテム課金する
(11) サービスを無料で提供して、関連するツールを販売する
(12) サービスを無料で提供して、広告収入を得る
(13) サービスを無料で提供して、利用状況等の情報を外部に販売する
(14) 大量のユーザーを囲い込んだプラットフォームへのアクセスを提供し、課金する
(15) プラットフォーム上でのユーザーの売買に対して一定額の手数料を取る

一つひとつ説明していこう。

(1) 製品・サービスを販売して、それに対する対価をいただく

大昔から続く、もっとも一般的なビジネスのやり方だ。ただ、提供機能やブランド価値と価格設定に関しては、非常に奥が深い。それ一つでビジネスが成功したりしなかったりする。あえて簡単に言うと、「ユニークな価値を提供し」「この価格ならぜひとも欲しい」と思っていただけるかどうかにかかっている。安ければいいというものではない。もちろん高ければいいというものでもない。

対価をいただく方法は十分確立しているものの、新規参入時には思うように顧客・ユーザーが伸びないことも多く、他の方法の検討が必要になる。

対価をいただく方法は大なり小なりマンネリ化しているので、顧客・ユーザーにとってメリットのある代替案を検討する。

(2) 製品をリース会社に販売して、リース会社からリースする

製品が高額の場合（例えば、複合機等）、直接購入していただけないこ

とが多くある。その場合、リース会社を間に立てて、顧客の負担を減らすことが必要となる。

　リース会社の利益の分、総額としては当然不利ではあるものの、顧客の資金繰りが大幅に改善され、購入につながりやすい。

(3) 製品を無料かかなり安価に配布して、月額使用料をいただく

　製品を無料かかなり安価に配布することで、顧客・ユーザーの利用・購入への敷居を一気に下げることができる。

　月賦販売のようなものなので、会社側は、その間の資金繰りが非常に苦しくなるため、親会社からの支援等、特別な事情がないと容易に導入することはできない。

(4) 製品を無料かかなり安価に配布して、月額のメンテナンス料をいただく

　複写機等、安定して高品質に稼働させるためにある程度メインテナンスが必要な事業がある。製品を一度導入すると、顧客・ユーザーの業務プロセスの中に入り込んでしまい、中々置き換えられない。

　顧客・ユーザー数が積み上がっていくにつれ、安定した事業になる。

(5) 製品・機材を無料かかなり安価に配布して、消耗品を販売する

　複写機、コーヒーメーカー、ウォータークーラー等、製品・機材を無料かかなり安価に提供し、それぞれ紙・トナー、コーヒー豆、水等を定期的に販売する。一度導入されると価格競争が起きにくく、事業提供側には有利な展開となる。

(6) 製品を無料かかなり安価に配布して、広告収入を得る

　製品の製造コスト・物流コストとのバランスであるが、製品の配布がそれほど容易ではなく、広告収入もそれほど得やすくないので今の時点ではあまり普及していない。

子ども向けの文房具に子ども向けの他の商品（ファーストフード等）の宣伝を掲載するなどはあり得る。

(7) 製品を無料かかなり安価に配布して、利用状況等の情報を外部に販売する

これも、製造コスト・物流コストとのバランスや利用状況等の情報取得の大変さから、これまではそれほど普及していない。ただし、利用状況をブルーツースによりスマートフォンに転送することのできるちょっとしたハードウェアをコンビニや美容院等で配布し、ユーザーに喜ばれつつ利用状況を取得するといった新しいビジネスモデルが生まれる可能性がある。

インターネットが広く普及した今、企業がさらなる差別化をするため、ハードウェアも活用したサービスに注目している。

(8) サービスを無料で提供して、一定以上の利用量に応じて課金する

顧客・ユーザーがあってもいいかなと思うサービスを最初は無料で提供することで、抵抗なく取り込み、使い慣れたところでそれ以上使いたいなら、ということで課金を始める。ユーザー数を増やすこと、初めのうちはサービス提供費用も大きくはないのでそれほど無理がないこと、などがこのビジネスモデルの強みになる。

一方、他の企業も同じビジネスモデルを提供しやすいので、サービスそのものの差別化がやはり鍵となる。また、一回獲得した顧客・ユーザーが課金を始める前に他のサービスに乗り換えてしまうことも多々あり、その場合は収益性の低いビジネスになってしまう。

一定以上の利用をした後であれば、中々切り替えにくいことが狙い目であるが、その時点で満足度が高いことがやはり必要となる。満足度が低い場合は、一定以上の利用をした後であっても離脱することになる。

ファイル共有のDropbox等がこのビジネスモデルを取っている。

(9) サービスを無料で提供して、プレミアムサービスの会費を取る

(8) に近いが、無料ユーザーには提供しないプラス α の機能をプレミアム会員のみに提供する。

有名なところでは、ニコニコ動画で高画質を求めるユーザーや、レシピ提供のクックパッドで人気レシピランキング情報を求めるユーザーからそのサービス会費を取る。

このビジネスモデルを選択する前提は、プラス α の機能を求めるユーザーがある程度いることで、そうでなければ収益性が極めて低くなる。

(10) サービスを無料で提供して、サービス内で使うコイン等をアイテム課金する

いわゆるソーシャルゲーム、スマートフォンゲーム等の典型的なパターンで、ゲームは基本無料、コイン、メダル等のゲーム内通貨を別途購入する形になる。優れたゲームの場合、毎日の課金率が2〜10%、毎日のユーザー課金額が500〜5000円程度にもなり、圧倒的な収益性を誇っている。

モバゲー、グリー等のソーシャルゲーム、パズドラ等の大ヒットゲームは皆この方法を採用している。

(11) サービスを無料で提供して、関連するツールを販売する

サービスが無料なので、たくさんの顧客・ユーザーが活用する。ところが、その中で必要性を強く感じさせたツールを有料で販売する。

ユーザーにとって必要性を強く喚起される上、他のサービスへの乗り換えも置きにくい。

Facebook等での広告ツールの提供、コンテンツマーケティングで著名な米Hubspotがコンテンツマーケティング実施上のツール提供を行ったりしている。

(12) サービスを無料で提供して、広告収入を得る

多くのウェブサービスはこの形を取っている。典型的にはGoogle、Yahoo！などの検索エンジンやカカクコム等、ユーザーにとってサービスが無料であり、非常に使い勝手がよいため、非常に多くのユーザーが利用する。そこで広告を掲示することで収入を得る。

このモデルを採用するポイントは、多くのユーザーが日々必要とするサービスを提供し、長期間囲い込むことができるかどうかによる。

例えば、検索エンジンのようなものでも、使い慣れてくると、他の検索エンジンへの乗り換えをすることがおっくうになり、ロイヤルカスタマー化する。

また、写真加工サービスのようなものであれば、使い慣れたツール、段取りをよほどのことでない限り変えたくなくなる。そういった形でのユーザー囲い込みが鍵となる。

(13) サービスを無料で提供して、利用状況等の情報を外部に販売する

スマートフォンで道案内を提供したり、2点間のタクシー料金を提供したりするサービスの場合、ユーザーにとっては無料で自由に使え、大変便利なものとなる。

一方、人がどこからどこに移動しているか、どこでタクシーを利用しているかといった情報には大きな価値があるため、その情報を提供するビジネスモデルが成り立つ。

(14) 大量のユーザーを囲い込んだプラットフォームへのアクセスを提供し、課金する

AppStore、Google Play、Facebook、モバゲー、グリー等、数千万人～10億人のユーザーを囲い込み、そのユーザーにゲームやアプリを提供したいデベロッパー、プレイヤーから収入の30％前後を取る。

巨大プラットフォームが多数生まれているが、必ずはやり廃りがあり、新たなプラットフォームも続々と生まれるので、自分には到底できないと思う必要は全くない。

ユーザーを囲い込む手段はそれぞれ異なるが、いったん囲い込んだ後は、デベロッパーにとって信頼でき、頑張れば収入を急激に伸ばすことのできるプラットフォームとしての条件を満たすことが鍵になる。

(15) プラットフォーム上でのユーザーの売買に対して一定額の手数料を取る

Yahooオークション、モバオク、eBay等、プラットフォーム上でユーザー間で売買をする際に一定額の手数料を取るモデルで、ユーザーの取引実績・評価を示す仕組みにより、他への乗り換えを抑えることができる。安心して取引できる場を提供し続けることが鍵になる。

◆新しく生まれるビジネスモデル

利益を上げる仕組みは、今後も新しいものが出てくると考えられる。

英語スピーキング練習アプリの例では、次のような形が考えられる。

```
①月額会費＋プレミアムコース
②基本無料＋アイテム課金
③完全無料で広告収入
④英語に関心のあるユーザー層への物販収入　　など
```

タクシー予約アプリの例では、下記がありえる。

```
①月額会費＋プレミアムコース
②基本無料＋アイテム課金
③完全無料で広告収入
④タクシー会社からのシステム使用料
⑤タクシー会社からの研修料　　など
```

つけ爪ECサロンの例では、下記がある。

①月額会費＋プレミアムコース
②物販収入
③広告収入
④マーケティングデータ販売　　など

　B2Cビジネスにおいては、ユーザーの大半が無課金ユーザーになることが多いが（85～98％）、彼らを対象とした広告による収入、彼らの行動をもとにしたマーケティングデータの販売、彼らの口コミによるユーザー獲得、彼らの活動によるサイトの活性化（賑やかし等）、一部は有料ユーザーへの転換等で活用される。

　ビジネスモデルとしてより高度には、上記に加えて、「既存勢力や競合他社が追従したり対抗しようとしても、彼らの現在の利益を損なうことになり、身動きが取れない」といった、他社には対応しにくいビジネスモデルであれば、なお素晴らしい。

「⑧ 利益を上げる仕組み（ビジネスモデル）」の考え方・見せ方

検討のステップは、3段階ある。

STEP1 事業にフィットするビジネスモデルにはどういうものがあるか？

上で説明した15種類あるいはそれ以上のビジネスモデルの中から、フィットしそうなビジネスモデル候補を選び出す。

過去のやり方、自分が知っているやり方だけにとらわれるのではなく、いったんゼロベースで一つひとつ吟味してみる。

STEP2 ビジネスモデルをどういう軸で評価するか？

次に、ビジネスモデルをどういう軸で評価するか、評価軸を整理してみる。例えば、

①利益を上げるまでの早さ
②利益額の大きさ
③仕組み作りの容易さ
④顧客・ユーザーの負担感
⑤継続性　　　　　などになる。

候補としているビジネスモデルを5項目に関して大中小で評価してみると、有利・不利が見えてくる。

STEP3 どういったビジネスモデルに決めるか？

最後に、改めて顧客・ユーザーの視点、競合の視点、自社体力・体制の視点、事業の継続性の視点などから総合的に判断して最終決定する。

⑨ 組織体制

　組織体制に関しては、事業を成功させることのできるチーム・体制であること、そういうチーム・体制にしようとしていることを説明する。
　製品・サービスの開発、ウェブ開発、調達、生産、マーケティング、営業などに関して、どういう体制で取り組むのかが必要となる。
　ここでは「社内体制」「協業体制」について、急成長を目指すベンチャーの3つのケースに分けて説明する。

【　社内体制を整える　】

(1) ウェブでのサービス、あるいはスマートフォンアプリを主体としたベンチャーの場合

　　　（いわゆるITベンチャー。例えば、英語スピーキング練習用アプリ、タクシー予約アプリなど）

　ウェブでのサービス、あるいはスマートフォンアプリを中心とする事業に関して、「まずは動くモノを見てから投資を検討する」という投資家が大半になった。
　製品のデモ、あるいは最終製品の一部でも作って動くところを見せなければ、検討の俎上に乗らない。リーンスタートアップ（後述）の考え方が広がってきたため、その傾向が強まっている。

　自分で開発できるエンジニアはこの点有利で、事業構想を元に、さっさと形にしていくことができる（シリコンバレーでは、できるプログラマーが社長になるケースがかなり多い）。
　自分ではコードを書けないという場合、創業チームに優秀なエンジニアを確保することが必須だ。わくわくする事業構想があり、想いが強ければ、

開発してくれるエンジニアに出会うことは、日本でもそれほど難しくなくなった。

　私が支援しているあるベンチャーは、社長の想いが大変に強く、説得力ある事業ビジョンを語ることができ、魅力的な人物でもあるので、10歳以上年上の優秀なエンジニア、デザイナーの協力を引き出すことができた。著名なインキュベーターの支援も受け、数千万円以上の資金調達にも成功している。

　東京近辺であればエンジニアを見つけることがかなり容易になった。エンジニアが集まるセミナー、ワークショップ等も最近は多い。ネットで少し調べれば見つかる。Facebook、Twitterを普通に使っていればそういった情報はどんどん流れてくる。

　地方では困難な点は否めないが、それでもネットを通じての発信やコミュニティでの参加で、協力者を見つけることは十分現実的になった。

　どうしてもエンジニアを確保できない場合、外部のエンジニアを活用して開発することができなくはない。ただ、その場合、「ウェブサービス、スマートフォンアプリ等を企画し、外部のエンジニアを活用して同規模の開発を成功させた経験のある頼りになるメンバー」の確保がほぼ不可欠だ。クラウドワークス、ランサーズといったクラウドソーシングサービスが発達して、エンジニアに開発依頼すること自体は非常に楽になったが、適切なエンジニアの選択、最適価格の合意、開発プロセスの管理等が重要なためだ。

　ただこういった人材をこれから採用したいということでは、投資家の不安を煽り、どんなにうまく説明したとしても、普通は「人材を確保してから話を聞きたい」ということになってしまう。

　要は、社長がアイデアマンだというだけでは不足で、自分でどんどん開発できるか、開発力のあるエンジニアが創業チームメンバーにいるか、外部のエンジニアをうまく活用できる経験あるディレクターが創業チームメ

ンバーにいるか、そのどれかが必要になる。

したがって、ウェブのサービス、あるいはスマートフォンアプリを主体としたベンチャーの場合、**開発のできるエンジニア、商品企画・マーケティングのできるディレクターの2名が創業チームの最小単位**となる。

マーケティング・営業に関しては、B2Cの場合、Facebookページやブログを使ったコンテンツマーケティングや、Twitter、LINE、Pinterest等のコミュニケーションツールの活用、事前登録サイト活用、ウェブ上の各種プロモーション、SEO（検索エンジン最適化）、ASO（アプリストア最適化）、リアル連携等の経験と工夫が大きな差を生む。膨大なノウハウがあり、かつ急拡大している一方で、比較的簡単に試すことができるため、自分でも工夫を続ければ改善がどんどんできる。また、自分だけではなく、多数の先輩ベンチャーから積極的に学べば、驚くほどのノウハウを短期間に獲得することができる。

B2Bの場合、中小企業向けなど顧客候補の数が膨大な場合は、B2Cにかなり近くなる。数十から数百程度の比較的少数の顧客候補への営業力が重要な場合、業界での人脈が鍵となる。人脈がない場合、アグレッシブな営業で有名な会社での経験などが大変に活きる。経験がないと、頑張って20～30社にアプローチして結果が出ない時点で疲れ切ってしまうが、鍛えられていれば心が全く折れずに「次いこ！次！」ができる。ビジネスを成功させる上でこの違いは非常に大きい。

(2) 半年～1年超の技術開発・研究開発が必要なベンチャーの場合

　　　　（IT系でもDropboxなど高度なプログラミングが必要なもの。あるいは作り込みの必要なハードウェアの開発が必要なもの）

相当期間の技術開発・研究開発が必要なベンチャーの場合は、開発チームの経験、実績が重要になる。作りきる力があるのかが問われるからだ。これまでどういった製品を開発したことがあるのか、なぜ今回のチームは

チームとしての競争力があるのか、このベンチャーの成功にどの程度コミットしているのかを表現する。

　技術者が何ができるかは、その技術者自身がこれまでどういった製品を開発したのかで判断する必要がある。難易度の高い製品の開発に関わっていたというだけでは、リーダーとしてやり遂げたのか、メンバーとして一部担当したのかがわからない。過去のプロジェクトで果たした具体的な役割を確認し、ベンチャーとして求められる、比較的短期間に開発する力があるのかを確認する必要がある。その上で、事業計画に明記する。

　作り込みが必要なハードウェアの開発が必要な場合、研究開発・調達・生産・品質保証等に関する経験の豊富さ、実績が非常に重要になる。さらに、購買・外注管理・原価管理・生産管理・品質管理等の経験豊富なベテランの参加が望ましい。日本にはこういったスキル・経験のある人材が豊富にいるものの、ベンチャー的スピードについていけるかどうか、リーンスタートアップ的発想を持てるかどうかがチーム作りの鍵になる。

　マーケティング・営業に関しては、（1）とほぼ同様と考えていただいてよい。ただ、研究開発型のB2Bでは、業界知識がより必要とされる。

(3) それ以外のベンチャーの場合

　上記以外ではコンサルティング、調査、マーケティング支援、飲食業、小売業等、多種多様であるが、これなら実行できそうだと思える組織体制は

(a) 創業社長の事業意欲が強く、考えが深く、実行力もある
(b) 顧客・ユーザーに詳しい業界の専門家、経験者が創業チームに一人以上いる
(c) その業界の旧来のビジネスに対し、新しい視点から切り込める
(d) 事業提携を含む、必要な経営資源を確保できる

という条件がどのくらい満たされているかによる。不足している場合は、どうやって補っていくか、いつ頃補えそうかを説明するが、事業計画としての迫力は数段落ちる。

【 協業体制を整える 】

特に急成長・資金調達を目指さない一般的な創業の場合も、組織体制の重要性は決して否定できない。その場合の鍵は、**自社が何をやり、他社とどう協業するか**だ。

従来型の協業もあれば、前述のクラウドソーシングの活用により、ネット上での取引で必要な機能を調達していく形もある。

この分野は驚くほど急拡大中で、およそどのような機能も調達できるので、積極的に試す価値がある。適切な相手を見つける方法、確実に成果を出していただく方法等、若干の慣れが必要だからだ。

簡単に言うと、
・仕事を探している企業・個人から見て魅力的に思えるような募集文を工夫すること
・特に、依頼したい業務内容をわかりやすく、明確に表現すること
・価格は、同様の募集文を多数比較して相場をつかんだ上で決定すること
・募集文は、応募状況により何度も修正して、もっとも反応がよい内容に変更していくこと
・候補をしぼり込んだ後、可能であれば複数の相手に業務を依頼し、質・スピード・相性等を確認すること
・継続利用の場合、相手のやる気が落ちないか、どうすれば中長期で活用できるか、常に観察すること

などだ。ネット上でのやり取りでも、実は社員に対する心配りと本質的な差はない。

よく「一人で頑張ります」という人がいるが、「この人は仲間を作ることもできないのか」と思われてしまうのがおちだから、やめておいた方がいい。本当に魅力的な事業であれば一緒にやりたいという人が必ず現れる。人が放っておかない。「仲間がいない。皆ふがいない」という人に限って、人間的魅力がなかったり、落ち着きがなかったり、リーダーとしてついていきたいとは到底思えないだろうなという雰囲気の持ち主だ。

人としてはそこまで問題がなさそうでも、事業は一筋縄ではいかないので、一人では多勢に無勢と判断されてしまう。「熱意があれば心を動かされる人が必ずいる」という信念でぜひ取り組んでいただきたい。

企業での新事業の場合、会社の方針でチームサイズ、構成が左右されがちだ。決定してもそれまでの業務との兼ね合いでチーム参加が実態として遅れることなどは日常茶飯事だと思われる。そういう中で、トップに対してコミットした新事業の経営目標を達成していかなければならないので、企業内の新事業リーダーは苦労が絶えない。

◆**チームメンバーの集め方**

例え人里離れたところでSOHOをしているとしても、今どき、全く問題ない。「クラウドソーシングを活用して8人の協力者がいます」とか、「5社がバーチュアルチームを組んで補完的に動きます」とか、何らかのチーム作りが十分可能だ。国内だけではなく、海外も同様に活用できる。

クラウドソーシングに関して言えば、国内では、クラウドワークス、ランサーズ、海外では、oDeskが最大手で、国内でもこの数年一気に使いやすくなった。利用者が大きく増えたからだ。海外ではその何年も前から

ごく当たり前に活用されている。

　対象はロゴ制作、ウェブ開発などだけではなく、秘書も海外でのマーケティング活動も、調達も可能であるし、市場調査、財務分析等のリサーチもごく容易に活用できる。内容によるが、時給数ドルで対応していただける仕事もある。このように、社外を徹底的に使う工夫が鍵となる。

　組織体制に関しては、現在の体制に加え、**1年後にどういう組織を目指しているか、どういう人材を確保する予定か**などを書くことで経営者の考えの深さが伝わる。

「⑨ 組織体制」の考え方・見せ方

組織体制は、**経営チーム、社内体制、協業体制**の3つの視点から検討する。

STEP1 経営チームは？　社内体制は？　協業体制は？

ベンチャー創業時の経営チームに関しては、③でも述べたが共同創業者が誰になるかが決定的に重要である。共同創業者とスキル・スタイル・経験が補完的であれば、次々に襲いかかる試練に対し、補い合い、何とか生き抜いていく可能性が高まる。結婚と同じで、スタートしてからお互いの価値観の違いが決定的になることもある。それぞれの努力もあるが、相性のよしあしで決まることも多い。無理そうな場合は辞めていただくしかない。内輪もめをしながらベンチャーを成功させることは至難の業だ。

社内体制は、事業拡大のスピードに対してどちらかというと後追いで強化していく。売上が上がる前提で人を採用すると、売上が想定通り上がらず赤字転落することがよくあるからだ。

協業体制に関しては、創業時にある程度決まっていれば素晴らしいが、多くの場合は、候補に心当たりがある程度で進めるしかない。先方に大きなメリットがあるような提案は何か、相手の立場でしっかりと検討する。

企業の新事業の場合、最大の鍵は、「深くコミットしたメンバーを獲得できるか」と「既存事業、元の職場からの雑音をどこまで断ち切るか」にある。本気で取り組み、経営幹部の信頼を得ていれば、その後のリソース確保は比較的やりやすいので成功確率が高まる。

STEP2 １年後にはどういう体制を構築するか？

１年後、事業が順調に伸びている際にどういう体制を構築すべきか、めいっぱい想像を膨らませ、想定する。経営チーム、社内体制、協業相手に分けて、それぞれどのレベルにあるのか、どういうふうに構築していくかを整理する。

STEP3 ３年後の理想的な体制は？

３年後のことはほとんどの人にとってイメージしづらいが、５年後、10年後に事業を本気で大成功させたいと考えるような人は、結構きちんと考えているものだ。イメージしづらいのは、難易度が高いというよりは、皆、プランを細部まで考え抜いていないからだと考えている。これをやって次にはあれをやって、あそこを巻き込んで、と考えるとだんだんイメージが膨らんでいく。

３年後の理想的な体制は、事業計画に書かなくてもよいが、社長として、新事業リーダーとしてイメージを明確に持っておくと、全体として説得力を増す。

⑩ 実行計画

最後に、**立ち上げから当面１年間**、重要経営課題にどう取り組み、どう実行していくのか、誰が何をどこまで、いつまでに実行するのか、詳しい計画を書く。これを**実行計画**という。

実行計画は、経営チームメンバー一人ひとりの活動内容と達成目標を明確にすることで、成果達成を促進する。投資家にとっても、進捗確認の目安となるので、重視される。

【　具体的なアクション　】

例えば、英語スピーキング練習用アプリの場合、事業計画作成後の主なアクションは

1．英語スピーキング学習法に関するより詳細な情報収集
2．テストユーザーグループ10人を募集
3．競合アプリの比較検討・テストユーザー10人の声を把握
4．英語教師へのヒアリング
5．価値仮説・成長仮説の詳細検討
6．英語スピーキング学習法の基本設計・詳細設計
7．英語教師への再度ヒアリング
8．MVPの設計・開発
9．MVPによる実証
10．価値仮説・成長仮説の確認、修正
11．MVPの修正、再度実証
12．アプリ開発
13．サービス開始に向けた各種プロモーション施策の開始

といった流れになる。

アクション1〜7に1〜2週間、8に1〜2週間、9〜11に2週間、計4〜6週間で本格的なアプリ開発に着手し、ブラウザ型かネイティブ型かによって2〜8週間程度の開発期間が必要となるので、合計で6〜14週間（1か月半〜4か月半）程度必要となる。非常に優秀な開発者がチームにいるかどうかによっても期間は大きく変わる。

リーンスタートアップの極端な例では、これはいい、ぜひ作りたいと意気投合してから数週間でアプリを出してしまう例も珍しくなくなったが、アプリのインターフェース（スマートフォンの操作感）をスムーズにし、他では得られないユーザー体験を提供するには、一定の期間がどうしても必要となる。

タクシー予約アプリ、つけ爪ECサロンの場合も、同様にMVPを開発し実証しつつ、本開発に入る。

【　必達目標　】

アクションごとの**必達目標**は、達成できたかできなかったか、達成度がどのくらいなのか、社長・社員間、投資家・会社間で評価にぶれが生じないよう、定義を明確にし、できるだけ簡潔に表現する。

一般的には、次のような表現になる。

- ・MVP開発であれば、「コーディング完了」「デバッグ完了」「αテスト実施」「顧客10人以上でテスト」等
- ・フォーカスグループインタビュー実施であれば、「2/10までに3回実施」、「4セグメントで実施」等
- ・提携先確保であれば、「提携先候補リスト作成」「提携先候補10社にコンタ

> クト」「6社以上と面談」「候補3社とNDA締結」等
> ・営業体制確立であれば、「営業員募集案内を掲載」、「候補者10人以上面接」、「3/末までに2名採用」

　内容をどこまで詳しく書くかは、大ざっぱな言い方だが上記のフォーマットだとすると、パワーポイントで3〜5ページ程度で全体をカバーできるように書くことをお勧めしている。それ以下だと大ぐくりすぎて進捗確認と対応がややしづらく、それ以上だと作成にエネルギーを奪われる上、確認作業に時間を取られることが多いためだ。基本的にベンチャーあるいは新事業立ち上げ時に書類作成は最小限に留めたい。

　アクション以外のターゲットKPI的な必達目標は次のようになる。
英語スピーキング練習用アプリであれば、

> ・提供スピーキング練習コンテンツ数
> ・ユーザー獲得数
> ・デイリーアクティブユーザー数
> ・入会後の翌日継続率
> ・1週間後継続率
> ・ユーザー平均滞在時間　　等。

タクシー予約アプリであれば、

> ・ユーザー獲得数
> ・デイリーアクティブユーザー数
> ・提携タクシー会社数
> ・提携タクシー総数
> ・顧客から1km以内のタクシー台数
> ・タクシー配車までの平均待ち時間　　等。

つけ爪ECサロンであれば

| 1日目 | ▶▶ | 2日目 | ▶▶ | 3日目 | ▶▶ | 4日目 | ▶▶ | 5日目 | ▶▶ | 6日目 | ▶▶ | 7日目 |

- 顧客獲得数
- 顧客ごとの月平均購入セット数
- 商品平均配送時間
- 商品種類総数
- 返品数　　等。

◆先行指標、結果指標、遅行指標

　注意すべきは、結果指標だけではなく、結果が出る前に先行的に把握することのできる先行指標を必ず加えておくことである。

　例えば、デイリーアクティブユーザー数だけではなく、翌日継続率、1週間後継続率等を見ておけば、今後のユーザー数の変化をかなり早い段階で把握し対処することができる。

　これに限らず、ある指標に対して常に先行指標は何があるか、取り得るか、遅行指標は何があるか取り得るかを考え続けることが重要だと考えている。そうすれば何かが起きる前に察知して対策することもできれば、少しずつの変化で気がつかないようなものでも、蓄積した形ではっきりと目に見えるようにすることもできる。

　自転車に乗った時に目をつむって運転する人はいないが、ベンチャーや新事業を立ち上げて目をつむったまま進む人があまりにも多いのは、考えてみれば不思議なことだ。多分それは、「目を開けて前を見る」ということがどういうことか、また具体的にはどうすべきか、きちんと見なければどうなってしまうのか、をあまり考えたことがないからだろうと思う。

　趣味の世界に浸って目の前のことだけ考えているのは本人の自由だが、関係者が多く自分の人生に大きく影響し、また仲間への責任まで発生しているベンチャー・新事業で、見えるはずの前を見ずに走るのはやはりやめた方がいい。

◆**定性的目標の書き方**

　定性的目標を使用する場合は、人によって成果評価にぶれを生じないような表現を工夫する必要がある。

英語スピーキング練習アプリであれば、

- シャドーイング機能のバランス調整に関しては、「テストした5人中3人以上が全く問題ないと感じること」
- 再生機能のボリューム設定に関しては、「テストした5人全員が大きすぎず聞き取りやすい音だと感じるレベルに設定すること」

タクシー予約アプリであれば、

- 需要先読みの配車システム構築に関しては、「タクシーの予約からの待ち時間が90％のユーザーにおいて、5分以上待たされていないと感じること」
- タクシー運転手評価システム構築に関しては、「運転手の9割以上がユーザーから大変感じよい応対だったと評価されること」

つけ爪ECサロンであれば、

- 指の型取りプロセス確立に関しては、「テストした20人中19人以上が型取りしたネイルのフィット感に十分満足できると答えること」
- ネイルのデザイン量産体制確立に関しては、「テストした10人中7人が隔週送付のネイルセットの中で平均1.5個以上の購入決定をするような、人気あるデザインの量産体制をサービスイン開始当初から構築すること」

などがある。

「⑩ 実行計画」の考え方・見せ方

　実行計画には、**いつまでに誰が何を実行する**という強い決意を書く。願望ではなく、絶対に実行するというしっかりと考え抜いた内容でなければならない。

　本気でない事業計画、実行計画は、部下にも投資家候補にも見破られる。見守っている家族にもわかってしまう。決してごまかしは効かない。

　適当に埋めておく、といった程度では、事業を立ち上げられない。それ以前に、説明を求められた時、検討不足であることが露呈してしまう。

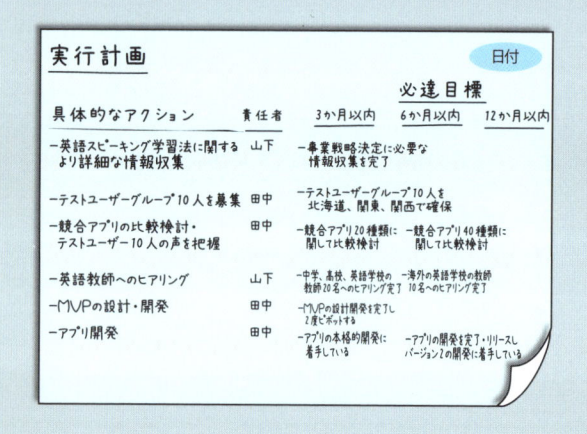

実行計画				日付
			必達目標	
具体的なアクション	責任者	3か月以内	6か月以内	12か月以内
-英語スピーキング学習法に関するより詳細な情報収集	山下	-事業戦略決定に必要な情報収集を完了		
-テストユーザーグループ10人を募集	田中		-テストユーザーグループ10人を北海道、関東、関西で確保	
-競合アプリの比較検討・テストユーザー10人の声を把握	田中		-競合アプリ20種類に関して比較検討	-競合アプリ40種類に関して比較検討
-英語教師へのヒアリング	山下		-中学、高校、英語学校の教師20名へのヒアリング完了	-海外の英語学校の教師10名へのヒアリング完了
-MVPの設計・開発	田中		-MVPの設計開発を完了し2度ピボットする	
-アプリ開発	田中		-アプリの本格的開発に着手している	-アプリの開発を完了・リリースしバージョン2の開発に着手している

　それぞれのアクションに関して、いつまでにどこまで達成するのか、という必達目標を設定する。数値化できるものとできないものがあるが、それぞれ「ここまでできればよい」という水準がチームで明確に共有できるようにする。

　アクション項目と必達目標に関しては、実行上の前提条件が大きく変われば、必要に応じ見直す。何があっても実行するという決意で進むものの、方向転換が必要になった場合は改めて設定し直す。

実行計画を作成する際、一部の人にアクション項目が過剰に集中していないこと、集中したとしても同時期に重なっていないことに十分注意する。

STEP1 今後1年間の具体的なアクションは？

事業を立ち上げるために必要なステップ、段取りをいったん全部メモ書きで吐き出し、それを見ながら、できるだけ具体的、詳細に書いていく。

目安としては、テンプレートで3〜5ページ程度になるよう、分解して記載する。

```
英語ペラペラになるアプリのアクション         日付

-MVPの設計・開発
-αテスト、βテストの実施
-アプリ開発
-プロモーションサイトの開発
-Facebookページによるユーザーグループの仕上げ
-主要ブロガーへのコンタクト
```

STEP2 段取り等考えた適切な順番は？

リストアップされたアクションを見ながら、段取りを考え、それぞれの必達目標も考えて着手の順番、進め方を決定する。

いつ誰が何をするか、これができたらあれをする、というイメージが持てるように、しっかりと考え、整理する。

STEP3 3か月以内、6か月以内、12か月以内の必達目標は？

それぞれのアクションに関して、3か月以内、6か月以内、12か月以内にどのレベルまで実行するか、必達目標を決定する。必達目標は達成できたかできなかったかが明確に判断できるよう、白黒がつく表現にする。

3日目
顧客・ユーザーインタビューを実施し、全体像を見直す

　3日目は、2日目までで作成した事業計画を顧客・ユーザー候補に説明し、反応を見て改善を進める。全体像をゼロベースで見直すことがどうしても必要だ。

　家族、友人、知人、同僚はあなたを元気づけようとして本当のことを言ってくれないかもしれない。あるいは、業界知識がなさ過ぎて、事業計画の根本的な問題点に気づかないかもしれない。

　ところが、顧客・ユーザー候補は当事者なので、より正確な反応と有用なフィードバックが期待できる。それに基づいて、一生懸命考えた事業計画でも、勇気を奮って見直してみる。嫌なことを言われたら耳をふさぐのではなく、真摯に耳を傾け理解しようとする。

　その際、**この事業計画を自分が書いたと思わない方がよい。人、特に経験ない部下が書いたと思えば、突然粗が目立つようになる**。顧客・ユーザー候補からの反応を思い出しながら、どこがツボか探していく。

　事業計画のチェックリストに基づいて、幅広い視点から何度も何度も確認していく。書類作成にはほとんど時間をかけていないので、ゼロベースで見直すことも大して苦ではない。苦痛だと思うとしたら、単に怠け心か、

本気で事業を成功させたいと考えていないのか、どちらだろう。今変更してよりよいものにする方が、よほど後で楽になる。

まずは、顧客・ユーザーインタビューだ。これがきちんとできていないことが大半だ。逆に言えば、インタビューを適切な形で実施できれば、それだけでかなりの競合優位性になる。

インタビューの方法は、B2CかB2Bによって大きく異なるので、まず比較的馴染みやすいB2Cビジネスでのユーザーインタビューに関して説明する。

顧客・ユーザーインタビューの準備

【 ユーザー候補の確保 】

◆ユーザーインタビュー候補の確保

B2Cビジネスでユーザー候補にインタビューを実施するには、友人・知人、彼らの友人にお願いするのが手っ取り早い。ターゲットセグメンテーションに比較的近い属性の方5〜6人を選び、数人ずつ集まってもらったり、一人にお願いして友人2, 3人を連れてきてもらったりする。

◆謝礼支払額

友人2, 3人を連れてきてもらう場合、依頼する相手やその友人に結構関心を持っていただいているのであれば特に必要ないが、そうでない場合は交通費程度を負担する方がよい。

特に学生の場合、交通費が往復500〜600円でも一食分以上になり、かなり気になるので支払う方がよい。そうしないと、依頼してくれる人の精神的負担になる（後でおごってバランスを取ったりするのを見聞きする）。

先方にメリット・関心がない状況で依頼する場合は、時給1000円で、とお願いする場合もなくはないが、できるだけ友達ベースでお願いし、交通費以外は払わないようにする。これは費用の点もあるが、お金によるバイアスをかけないようにするためだ。

　一方、状況的にユーザー候補がどうしても見つからない場合は、おてつだいネットワークス等の求人サイトを使って時給いくらで募集する。例えばおてつだいネットワークスは、30万人以上が登録しており、遅くても数時間以内にユーザーインタビュー候補を集めることができる。その場合、初回のみ会社に3150円支払い、本人とは合意した時給額を直接支払う。よい人の場合は、2回目以降、合意した時給のみで依頼することができる。

　しがらみがないために依頼しやすいが、応募者の質が結構まちまちなので、希望するプロファイルを書いて応募者から選ぶ必要がある。ただし、性別・年齢限定は法律で禁止されているため、応募者の中から適切な人を採用する。

　時給に関しては、周辺での同様の仕事への募集内容から判断し、やや低めで募集をかける。集まらなければ再度募集すればよい。時給が相場よりかなり高いと短時間で数十人以上応募してくるし、低めだと全く集まらないこともある。

【　インタビュー時間　】

　友人ベースの場合、インタビュー時間としては45分から1時間程度というお願いの仕方が重すぎず、軽すぎずよいと考えている。話が弾めば1時間以上ごく自然に延長されるし（盛り上がって一気に1時間半くらい話される方もいらっしゃる。それを止める必要は全くない。むしろ、そうい

う場合は本音がどんどん出るので流れに任せている。直後に予定されていたミーティングをずらす必要があるが、その価値がある)、弾まない場合は、それほど失礼なく30分過ぎで打ち切ることができる。

求人サイトを使う場合は、1時間半など指定すればよいが、この場合は興が乗って話が弾むようなことがあまり期待できないので、本音に迫りづらい（B2Cの場合は興味、関心が重要であるのに対して、あくまでバイトとしての感覚が大前提になるためだ）。

【　インタビューの場所　】

インタビューの場として最適なのは、静かなオフィスの会議室だ。カフェでのインタビューもできなくはないが、周囲がかなりうるさいために聞き取りづらい上、盛り上げるのが少し難しくなる。モニターやホワイトボードがあれば何かと安心だ。

オフィスの会議室で実施する場合、女性対象のインタビューであれば、ケーキとお茶などの用意が望ましい。場がなごやかになり、確実に話が盛り上がりやすくなる。

オフィスがまだない場合、あるいは離れている場合、できれば交通の便のよい知り合いのオフィスを借りることができれば、望ましい。それもなければ、貸会議室（地域により、1時間あたり2000～5000円前後）かカフェかの判断になる。貸会議室は比較的高価なので、ベンチャーとしてはあまり使いたくない。交通の便を考え、インタビュー対象者の学校や会社の近くの場所を確保する（時給で依頼している場合は、もちろんその配慮は特に必要ない）。

1日目 ▶▶ 2日目 ▶▶ **3日目** ▶▶ 4日目 ▶▶ 5日目 ▶▶ 6日目 ▶▶ 7日目

顧客・ユーザーインタビューの実施

【 インタビューの進め方 】

ユーザーインタビューは、おおよそ次の順序で進めるとやりやすい。

> 1．ご挨拶し、集まってくれたことを感謝し、本日の目的をわかりやすく簡潔に説明する
> 2．解決しようとしている課題に関してのユーザーの悩み、普段の行動などを聞く
> 3．こういうことが嫌だとか、悩みがあるということで盛り上がれば、そのまま続ける
> 4．課題に対してどう対処しているのか、対処できているのか聞く
> 5．悩みが出尽くしたら、事前に用意した価値仮説を説明し、確認する。確認の方法はメモを見せてもいいし、似たようなアプリを見せてもいいし、適宜用意する。

こちらで考えた通りの悩みなのか、対処方法なのか、想定通りウケるのか、アイデアに対してどのくらい本音で興味を持ってくれたのか、持ってくれないとしたらどう外れていたのか、素早く探っていく。

【 盛り上げ方 】

ユーザーインタビューは、一人よりは2，3人一緒の方が確実に盛り上がる。比較的緊張せずいろいろ話をしてくれるからだ。お互いの発言に対しての反応も期待できる。友達同士の会話に少し近づくので、本音も出やすい。

話が弾めば1時間以上に延ばし、どんどん質問していけばよい。ユーザー属性も途中でうまく細かく質問し、彼らの友人の行動等に関しても遠慮なく質問する。友人にはどういうタイプの人がいるかとか、どういう行動をしているかとか、ユーザーセグメンテーション上参考になるヒントも多く聞くことができる。

　インタビューが全く盛り上がらなければ、ユーザー属性、普段の行動などをなるべく多く質問し、30分程度で切り上げる方がよい。
　盛り上がるか盛り上がらないかは、こちらの巧拙もあるが、相手の性格に大きく依存する。何を聞いても「はい」とか「いいえ、違います」といった反応しかできない相手だとお手上げだ。そういう時は、何とかのってくれる話題を探し続けるが、それでもだめな場合は早々に断念する方がよい。「次いこ。次！」という感じだ。
　それもあって、インタビュー相手は、知り合いの場合は、意見をどんどん言ってくれる元気な人、活発な人をお願いする。友達を誘ってもらう場合も意見をいっぱい言ってくれるような元気な人をお願いする。
　のらない人へのユーザーインタビューを続けると、こちらの気持ちも落ちてエネルギーレベルが下がってしまう。チームの士気が落ちるので、さっさと終了し、どんどん話してくれる相手を見つけて時間を使うことがお勧めだ。

【 仮説検証・修正・再構築 】

　ユーザーインタビューでは、その都度、聞きたいことは遠慮なく全部聞いて仮説を確認し、深めていくのがよい。何回かまず実施し、その後初めて仮説を整理する、というようなやり方では時間ばかりかかるし、深掘りして聞きたいチャンスを失うし、大変にもったいない。
　1回目のユーザーインタビューでおおよそ目星をつけ、2回目のユーザ

ーインタビューでさらに深掘りし、3回目のユーザーインタビューで再確認する、というようなスピード感だ。7日の間に数名のインタビューで当たりを確認していく。

【　フォーカスグループインタビュー　】

　B2Cにおいてもう少し本格的な、フォーカスグループインタビューというアプローチについて説明したい。

　消費者の価値観、購買行動をすばやく理解するには、特性の近い5～6名程度の消費者を1グループとして、グループごとにまとめてインタビューすると、特徴的なパターンを把握しやすい。マーケティング、商品企画などの分野で多用されている手法で、フォーカスグループインタビューと呼ぶ。

　当初のグループの分け方は、以下の属性に基づいて行うことが多い。対象としている製品・サービスに関する明確なニーズの差がわかっている場合は、それに合わせてグループを分ける。

- 性別
- 年代
- ライフステージ（未婚、既婚、子どもの有無等）
- 趣味・嗜好
- ライフスタイル等

　通常、1グループにつき1時間半程度で、課題設定によるが5～6グループ実施してニーズや購買行動の違いを詳細に把握する。例えば、男子高校生、20代社会人男性、20代社会人女性、関東在住の30代主婦などになる。

対象者全員が集まったら、モデレーターが質問をしつつ、うまく盛り上げて活発なディスカッションを引き出す。それを会社側は別室からマジックミラーを通じて観察するのが一般的であるが、ベンチャーや企業の新事業の場合は、社長あるいはプロジェクトリーダーが自らモデレーターとしてリードすればよい。ただし、女子高校生向け携帯コンテンツ等で年齢が大きくかけ離れている場合、年齢の近い女子社員を活用するなど、違和感を生じさせないための配慮が必要になる。

　フォーカスグループインタビューは、対象消費者を集めモデレーターをしてくれるマーケティング会社が多数あるが、1回の費用が数十万円以上であり、人任せにすることで内容把握も甘くなりがちだ。したがって、ベンチャーや企業の新事業プロジェクトとしては、自社の会員、友人、知人等などを通じ、口コミで実施する方がよい。メモ書きで問題把握・解決力を鍛えていれば、数回実施するうちに十分できるようになる。

　B2Bビジネスで顧客候補へのインタビューを実施する時も、ほぼ上に準じる。ただ、多くの場合、インタビュー対象者が限られ、またインタビュー対象者へのアクセスが限られるので、設定がはるかに難しくなる。

　前職での知り合い等に一人ずつ依頼してインタビューさせていただくことになる。業界内部の人間でないと、インタビューですら設定しづらい、というのが実態だ。

　もし適切なインタビュー相手がどうしても見つからないとか、あまりにも頼みづらいとなると、そのB2Bビジネスを始めようとすること自体、改めて吟味した方がよい。顧客・ユーザー候補へのアクセスがしづらい状況でビジネスを立ち上げるのは難易度が極めて高いからだ。

事業計画の全体像の修正

　顧客・ユーザーインタビューの結果によっては、事業計画ドラフトを大幅に見直す。手書きのドラフトなので躊躇なく書き直すべきだし、ゼロベースで見直しても大した手間にはならない。

　大体は、部分部分のギャップが見え、全体として整合性がなくなってくる。どれかに合わせると他でほころびが目立ったりする。そういう際は一歩引いて、改めて全体を見直す。この際、普段からメモ書き、フレームワーク作成等に慣れていると比較的スムーズにできるが、そうでないと大変苦労する。

　私は事業計画のドラフトを拝見することが多いが、最初はよくわからないところ、説明し切れていないところが多々ある。慣れていないとなおさらだ。それでもいったん書き終えると、不思議なほど自然にどこをどう改善すべきか見えてくる。

　それを見直した上でさらに顧客・ユーザーインタビューをすると、思い違いをしていたところ、深掘りをしたいところ、全体像を明確にしたいところなどがさらに見えてくる。

　その際、躊躇せず、またせっかく書いた部分を惜しいと思うことなく思い切って書き直すと、必ず大きく改善できる。一気に視界が広がっていく。この時、何とかもとのアイデアを活かそう、残そうとこだわることなく、さっさとまとめ直す。

　仮説思考では、常に「こうかな」と仮説を持って進めるが、閃いた瞬間

にすぱっとスイッチを切り替える感じが重要だ。

　こうやって、常に押したり引いたりしながら、どうすれば事業を成功させることができるか検討する。その上で、さらに顧客・ユーザーインタビューを続け、最新仮説がより正しいのかを確認する。

【　事業計画のチェックリスト　】

　ここまで来たら、改めて前掲の事業計画のチェックリストに沿って事業計画の妥当性をチェックする。

◆事業ビジョンに関して

1　事業環境、顧客・ユーザー状況、競合状況に基づき、わくわくする事業ビジョンを描けたか？
　　自分たちは何をしたいのか、それがどんなに素晴らしいのか、なぜ自分たちなのかが明確に表現されているか？

> → **特に、自分たちの想いをどこまで書けているか、すべてカバーできているか？**

2　事業ビジョン達成のステップをうまく2～3段階で書き分けられたか？
　　その中に市場の全体観とダイナミックな構造変化が的確に表現されているか？

> → **市場構造の大きな変化がとらえられているか？**

◆事業、事業戦略に関して

3　具体的な製品・事業内容は、素人にもわかりやすくイメージを持てるよう、明確に描けたか？　ビジネスモデルも明確でわかりやすいか？

> → どんなに高度な製品でも素人がわかるように描けているか？

4　顧客・ユーザー特性、顧客・ユーザーニーズを的確に整理できたか？
　顧客・ユーザーの姿がはっきり浮かび上がってくるか？
　どんな顧客・ユーザーがどのくらい切実なニーズを抱えているのか、どうやって購入決定するのか、市場規模がどうなのか、などが的確に押さえられているか？

> → 顧客・ユーザーのニーズをどこまで徹底して把握できているか？
> 　聞いたら「泣いて喜ぶ」製品・サービスが考え抜かれているか？

5　自社の強みが適切に整理できたか？
　なるほど、これはすごい、こんなに強いんだと感じられるか？
　勝ち続けるための独自の優位性は明確に述べられているか？

> → 今だけではなく、少なくとも2年後も差別化できるのか？
> 　マネされない優位性をどう確立していくのか？

6　競合の動きは的確に押さえられているか？
　始めてから「え？　こんなはずではなかった！」というサプライズがないよう、競合把握の努力が十分なされているか？

> → 競合の元社員、関係者、現顧客・ユーザー、元顧客・ユーザーへのインタビューを躊躇していないか？

本気で競合把握をしたのか？

7　なるほど、これなら実現しそうだ、いかにもできそうだと思える事業戦略になっているか？　具体的には、
　①成功の鍵が明確で、どう実現するか考え抜かれているか？
　②これなら確かに他社よりずっと売れそうだと納得できるか？
　③実現手段、資源配分、実現ステップが明確で、安心できるか？

→ 第三者のつもりでゼロベースで読み直しても納得できそうか？
　　自己満足に陥っていないか？

8　製品ロードマップ、技術ロードマップが明確か？
　なるほど、こういうふうに開発が進むんだな、よく考えているなと納得できるか？

→ 夢物語ではなく、達成できそうなロードマップになっているか？

9　なるほど、こういう会社とこんなにうまく提携してやっていくのか、これなら人の力をうまく活用して、自分の強みに徹底集中してできるな、賢いな、と納得できるか？

→ 小さくまとまっていないか？
　　事業提携のアプローチ時に光る提案ができそうか？

◆実行体制、実行計画に関して

10　製品・サービス開発体制、調達・生産体制は明確か？
建前論、精神論でお茶を濁していないか？

> → **強力なチームを組成しようとしているか？**
> **十分な努力をせず自分一人でやろうとしていないか？**

11　マーケティング・販促体制がしっかりとしているか？
誰がどういうふうに具体的に進めるか、わかりやすく書かれているか？

> → **コンテンツマーケティング等、最新のアプローチを十分研究しているか？**

12．経営課題が明確で、メンバーの認識が十分一致しているか？
経営課題の解決が事業ビジョン達成に直結するか？

> → **単に紙の上での事業計画に留まらず、経営課題に真正面から取り組んでいるか？**

13．重要な課題に対しきめ細かく実行計画が作成され、確実に進捗フォローされるようになっているか？
必達目標は明確か？

> → **現実的な実行計画になっているか？**
> **できなくてもしょうがない。できたら御の字といった甘い設定・期待になっていないか？**

14 売上・利益計画の前提条件が、ベースケース、保守的ケースとも納得できるレベルで明確に整理されているか?

> → ベースケースは80%以上の確率で達成できそうな数字を基に設定されているか?

15 資金繰りが半年先まで担保されているか?

> → 半年間どういった費用がいるのか適切に試算され、半年間は資金の心配がないような計画になっているか?

16 事業リスクがきちんとリストアップされ、最悪の事態に対しても対応できるように思考演習がなされているか?

> → 本気で最悪の事態を想定し、それに対して準備しているか?
> お茶を濁していないか?

どこまでできていただろうか。

3日弱でまとめた事業計画の最初のドラフトがどの程度なのか、見直してみてほしい。

4日目
テンプレートに記入し、事業計画の体裁を整える

　事業計画のフォーマットに特に決まりはない。色やフォントにこだわる人もいるが、そのへんはほとんど無意味なので、わかりやすく書くことだけに集中していただけるとよいと思う。

　人に見せる、プレゼンするという以前に、自分の頭の中を整理し、共同創業者、創業チーム、プロジェクトメンバーなどと十二分にすり合わせすることが一番大切なねらいになる。

　特に今回は、7日間で事業計画第1版を完成させる超特急なので、あくまでシンプルに進めたい。

　作業としてはパワーポイントに慣れていない人もテンプレートに記入するだけなので、メールと大差ない。また本書を手に取られた方には、パワーポイントはぜひある程度マスターしていただきたい。考えを深めるためにも、考えを効果的に伝えるためにも、重宝するツールだからだ。

　各ページを順番にご紹介しよう。

① 解決すべき重要な課題とターゲット顧客・ユーザー： 2ページ

② 事業ビジョンとその達成ステップ： 2ページ

③ 経営チーム： 1ページ

④ 製品・サービスの内容と特長： 3〜4ページ

⑤ 市場規模、成長性： 3〜4ページ

⑥ 事業戦略と競争優位性：3ページ

⑦ 事業提携と実現方策・シナリオ：2ページ

⑧ 利益を上げる仕組み（ビジネスモデル）：2ページ

⑨ 組織体制：2〜3ページ

⑩ 実行計画：1ページ

【　0. 表紙　】

　表紙には、事業あるいはプロジェクト名と社名・チーム名を書く。ロゴがある場合はロゴも記載すると、チームの気持ちが一つにまとまりやすい。ちょっとしたことのようだが、結構重要だ。

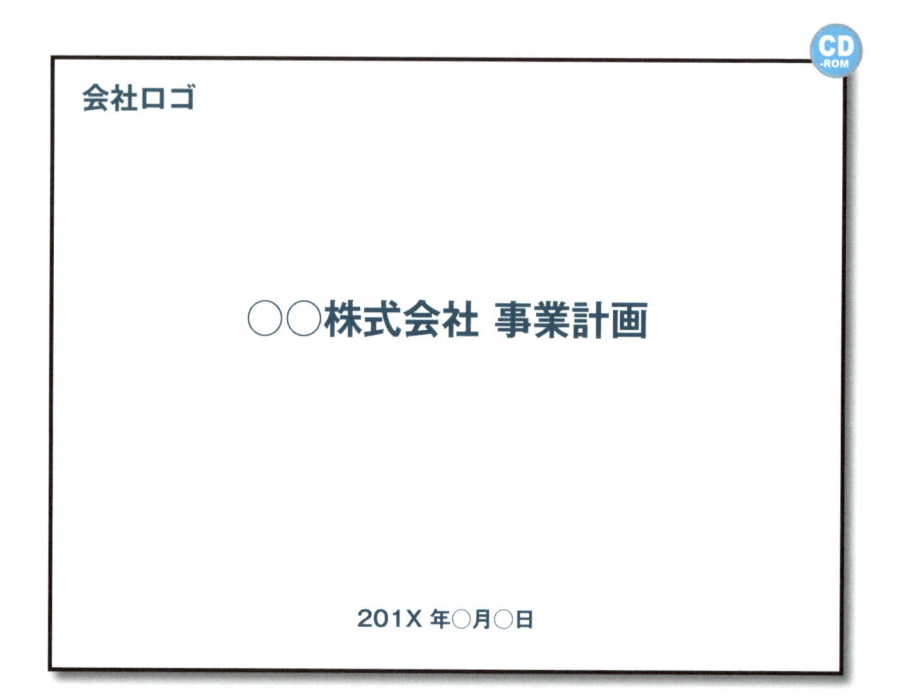

```
会社ロゴ


            ○○株式会社 事業計画



                  201X年○月○日
```

【 1. 解決すべき重要な課題とターゲット顧客・ユーザー 】

　最初に、「解決すべき重要な課題とターゲット顧客・ユーザー」を書く。文字通り、今自分たちが解決しようとしている重要な課題と、それは誰の悩みを解決するのか、を極めてわかりやすく表現したものだ。

　このページがどのくらい説得力があり、しっかりと書けているかどうかで、事業計画の迫力が変わるし、事業計画検討のプロセス・スピードも大きく変わる。もちろん、説明を受ける側の印象も大きく変わる。

　解決すべき重要な課題は、あればいい、解決するといい、という程度ではなく、どれほど深刻に困っている人がいるのか、どのくらい多く、解決したらどれほど喜びそうなのかをこの1ページで表現する。

「なるほど、これは深刻な課題だ。これまで思ってもみなかったが、こういうことならぜひとも解決する必要がある」と思ってもらえれば、仲間を募る際も、投資家に話をする際も、はたまた起業に関して家族を説得する際にも合意を得やすい。
　それだけではなく、事業計画の検討そのものもぶれずに進めることができる。
　当然、ベンチャーあるいは新事業としての成否にも関わっていく。

---

1. 解決すべき重要な課題とターゲット顧客・ユーザー

- 解決すべき重要な課題は...
  - ×××
  - ×××

- ターゲット顧客・ユーザーは...
  - ×××
  - ×××

> 解決すべき重要な課題をわかりやすく説明する。

> ターゲットとする顧客の切実なニーズは何か、どういうことにどのくらいお金を使っておりそれを置き換えることができるのか、できるだけ具体的に書く

> あればいい、程度では購入につながらないので、なぜ飛びついてくれるのか、顧客の購買決定プロセスまで踏み込んで顧客特性を説明する

> ネット系ビジネスの場合は、ネットのユーザーが何を求めていて、このサービスに飛びつくのか、多くの同業サービスとどう違うからそれらのユーザーを取り込むことができるのか、一人よがりにならないよう説明する

　図の...あるいは×××の部分に適切な文章を記入する。適切な画像、図があれば、より効果的になる。

　ターゲット顧客・ユーザーに関して、「確かにそういう顧客・ユーザーが非常に多そうだ。この課題に悩んでいて、解決できればすごく助かるし、喜ぶだろう」ということをわかりやすく書けば書くほど全体の迫力を増す。

　ターゲット顧客・ユーザーに関して特に重要な点として、ただ困っているだけではなく、他の方法も試していて満足していないこと、新たな解決策が提供されれば飛びついてくれそうなことが想像できるように書くとなおよい。

「解決すべき重要な課題」は、いわゆる問題点だけではなく、エンターテイメント等でもそのまま有効である。アニメファンが満足できるような使いやすいコミュニティがないとか、満足できるようなコンテンツがこれまで提供されなかった、なども同じように表現する。

【　2. 事業ビジョン　】

　課題とターゲット顧客・ユーザーの次は、その課題解決にどう取り組むのか、あなたの事業ビジョンを説明する。自分自身わくわくするよう、また、聞いた人がはっきりとイメージを持ち、共感できるよう、簡潔明瞭かつ具体的に書く。
　夢のような表現をするわけでは決してない。自分はこういうふうにしてやっていく、取り組んでいく、だから自分についてきてほしい、という宣言だ。

　テンプレートでの書き方については、例えば次ページのようにサマリーを左側に書き、その3つの柱を右側に書くとわかりやすい。

　テンプレートでは14ポイントを使用しているが、そのまま使用していただくと量的にバランスが取れるようになっている。
　箱のサイズは状況によって少し変えていただいても構わないが、ほとんどの場合、変更せずに大体書けることと思う。これ以上かなり大きくするようだと、事業ビジョンとしては詳細過ぎることになる。そういう目安も意識しながら、テンプレートは作成されている。
　また、箱の真ん中にぽつんと、例えば「部品共用によるコスト削減」とだけ書いても、事業ビジョンとしてはわかりづらい。スペースを十分使い、説得力のある表現をしていただけると伝わりやすい。

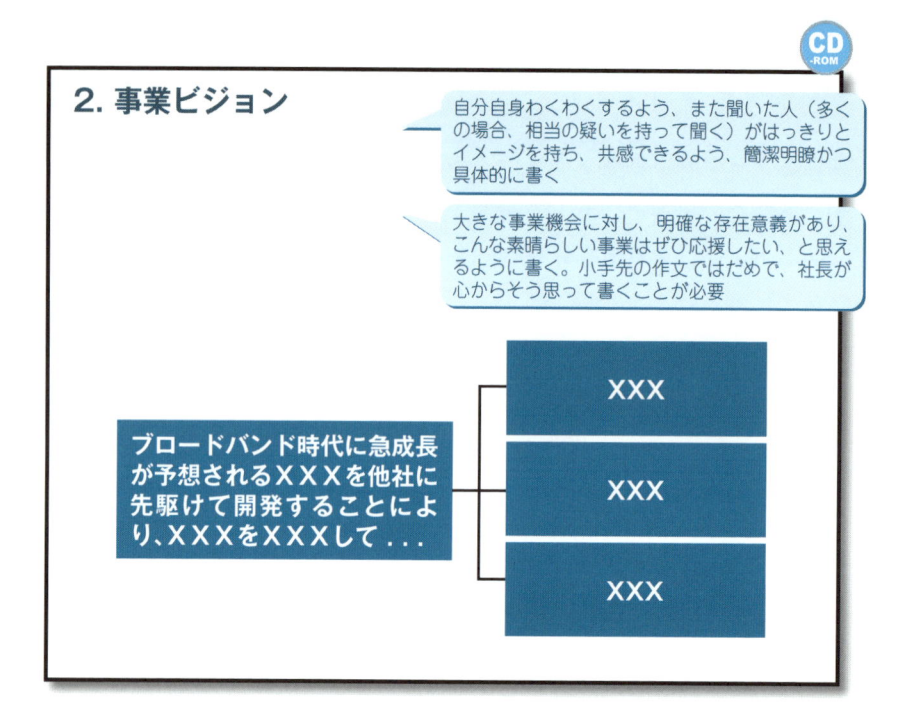

2. 事業ビジョン

> 自分自身わくわくするよう、また聞いた人（多くの場合、相当の疑いを持って聞く）がはっきりとイメージを持ち、共感できるよう、簡潔明瞭かつ具体的に書く

> 大きな事業機会に対し、明確な存在意義があり、こんな素晴らしい事業はぜひ応援したい、と思えるように書く。小手先の作文ではだめで、社長が心からそう思って書くことが必要

ブロードバンド時代に急成長が予想されるＸＸＸを他社に先駆けて開発することにより、ＸＸＸをＸＸＸして…

- XXX
- XXX
- XXX

◆事業ビジョン達成のステップ

事業ビジョン達成のステップ

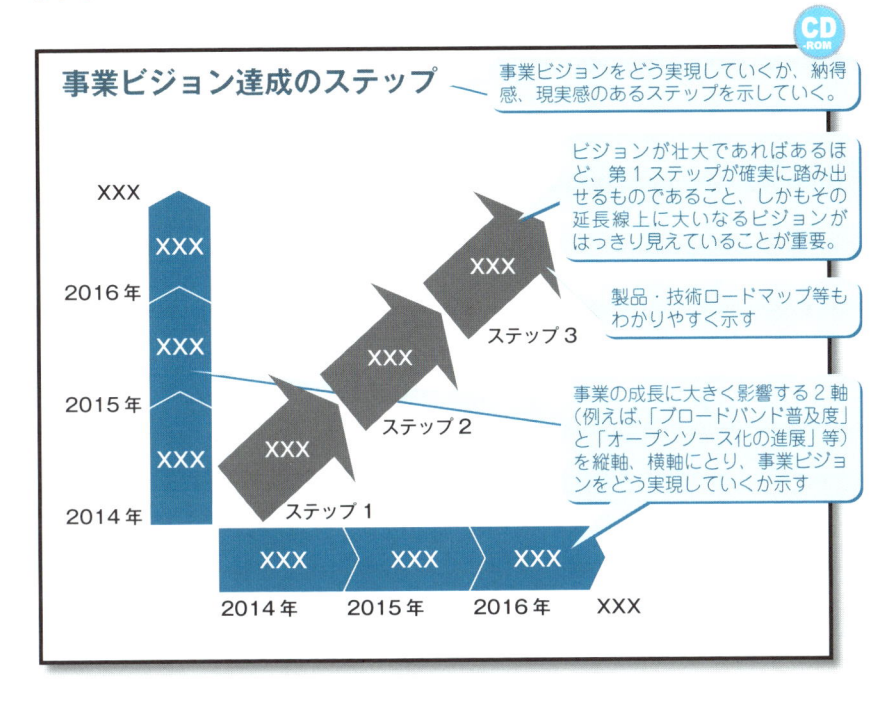

事業ビジョンをどう実現していくか、納得感、現実感のあるステップを示していく。

ビジョンが壮大であればあるほど、第1ステップが確実に踏み出せるものであること、しかもその延長線上に大いなるビジョンがはっきり見えていることが重要。

製品・技術ロードマップ等もわかりやすく示す

事業の成長に大きく影響する2軸（例えば、「ブロードバンド普及度」と「オープンソース化の進展」等）を縦軸、横軸にとり、事業ビジョンをどう実現していくか示す

XXX
2016年　XXX
　　　　XXX
2015年
　　　　XXX
2014年

ステップ1
ステップ2
ステップ3

2014年　2015年　2016年　XXX

【 3. 経営チーム 】

次に、この事業を急成長させる経営チームについて説明する。

鍵は事業推進力の高さ、実績、PDCAを回す早さなどになるので、簡潔に表現する。

理想的には、「これはすごい、こういう創業メンバーがやっているのなら大丈夫そうだ」と思えるように書く。

実績があまりない場合でも、事業への熱意と研究熱心さ、コミットメント、学生時代等の成功体験を訴える。

要は、「このチームはやってくれそうだ」と思わせるだけの内容、迫力が鍵になる。

---

3. 経営チーム

- ●代表取締役社長　×××
  - -×××
  - -×××
  - -×××

- ●取締役副社長　×××
  - -×××
  - -×××
  - -×××

- ●取締役 CTO　×××
  - -×××
  - -×××
  - -×××

- ●営業本部長　×××
  - -×××
  - -×××
  - -×××

（注釈）
- これは、すごい、こういう創業メンバーがやっているのなら大丈夫そうだ、と思えるよう、これまでの実績や強み、今回の事業への関連性などをわかりやすく書く
- この創業メンバーがベンチャーに対しどういう特別なものを持ち込むのか、わくわくするように表現する
- 学生での起業や、特に実績がない場合も、なぜ自分たちがこの事業を成功させる自信があるのか、ソフトウェア開発の経験等、第三者にもある程度共感できるように書く

【 4. 製品サービスの内容と特長 】

　次には、「製品・サービスの内容と特長」を書く。この製品・サービスに関して一番知識があるのは自分なので、それを忘れず、一人よがりにならないよう、第三者が見ても魅力的に思えるように、わかりやすく表現する。

　テンプレートの例では、左側に製品・サービスの内容を説明し、右側に特長を説明するのが最低限必要と考えられる。できるだけ具体的、かつ画像で説明する。

　製品・サービスの内容は、
(1) ハードウェアなのか、ソフトウェアなのか、サービスなのか？
(2) どういう機能が提供されるのか？
(3) いつ、どう使うものなのか？
(4) 単独で使うのか、何かと一緒に使うのか？

などをカバーし、画像を使って一目でわかるように説明する。

　特長に関しては、従来製品、従来サービスとどう違うのかにすぐ答えられるかどうかが鍵になる。しかも、説明を聞いた人がそのまま感心して第三者に伝え、また感心していただけるようであれば、相当期待できる。

4. 製品・サービスの内容と特長

製品・サービスの内容	特長
●××× ●×××	●××× ●×××

画像で説明

― 製品・サービスの内容と特長を図を使ってわかりやすく書く。動作原理、使い方、情報のやり取り等、全体像が第三者にひと目でわかるよう、従来製品、従来サービスとの差がはっきりわかるよう書く

― 特に、説明を受けたこの分野の素人が「なるほどこれはすごい」と直感的にわかり、同僚等にわかりやすく説明できるかを留意する

【 5. 市場規模、成長性 】

次は、「市場規模、成長性」について述べる。市場がどのくらい魅力的なのか、課題解決をしたらどのくらいの規模、成長性を期待できるのか、想像しやすいように試算結果や状況証拠を述べる。

グラフを書ける場合はなるべくグラフが望ましい。ただ、細かすぎるものではなく、またありきたりのものではなく、市場全体の伸びや、特定セグメントのそれ以上の伸びなどに対し、洞察力のある説明を加える。

英語スピーキング練習用アプリの例で言えば、

- ・英語教育業界の売上推移
- ・英語学習者の伸び

・英語学習に 1 か月にかける費用
・英会話学校数、売上推移
・スカイプ英会話の伸び
・スカイプ英会話の平均受講期間
・新しい英語学習方法への関心度

などになる。

メッセージとしては、下記のようになる。

「英語学習に熱心に取り組む人が増えており、英語学習に関心のある人の月当たりの出費は 1000 円を超えている。特に英語で話せるようになりたいというニーズは強い。伝統的な英会話学校自体は伸び悩んでおり、需要はスカイプ英会話にシフトしている模様。ただし、スカイプ英会話への満足度は決して高くなく、長続きしていない。新しい英語学習法への関心が強く、多くの人は新しい方法を試しているが、英語スピーキングに関しては、効果的な方法が確立していない。英語公用語化などの動き、グローバル化の進展で英語で話せるようになることへのニーズは急激に高まっている」

タクシー予約アプリの場合は、

・タクシー利用客の推移
・タクシーを利用する頻度、利用額分布
・タクシーに乗らない理由
・タクシーに乗りたい状況、場所
・タクシー稼働率
・空車タクシーの分布
・タクシーを利用したい人の分布

などになる。

メッセージとしては、下記のようになる。

「タクシー乗客数は横ばいであるものの、タクシー数が増えたためにタクシー

稼働率は低下傾向にある。タクシー会社の経営も非常に苦しい状況が続く。一方、本当はタクシーを利用したい人も多く、特に雨の日、荷物のある時、幼児連れなど、タクシーをすぐ見つけることができればぜひ利用したいという人が多数。ところが、潜在客がどこにどれだけ存在しているか、という情報はこれまで全く把握されておらず、運転手の勘に頼っていた。タクシー会社に電話して予約することもできるが、電話が混んでいたり、かなり待たされることも現実としてあって、ユーザー満足度は決して高くない。タクシーが必要な時に入力、操作の手間なく、5分以上待たず、配車されれば、大きな潜在的ニーズを掘り起こすことができる」

つけ爪ECサロンの場合は、

- ・ネイル市場規模推移
- ・ネイルケアをする頻度
- ・ネイルケアへのニーズ
- ・ネイルケアへの満足度
- ・おしゃれ、身だしなみに使う月額費用
- ・ネイルケアに月いくら程度使ってもよいか

などになる。

メッセージとしては、下記のようになる。

「女性にとってネイルのおしゃれは非常に重要なもので、マニキュアがきちんとできた日は一日気分がよいとも言われている。ところが、仕事によっては爪を伸ばしたりマニキュアをすることができず、といって週末だけ突然することもできないので、満たされていないニーズが大変に強い。もし手軽で、指にフィットして仕上がりがよくおしゃれなつけ爪があれば非常に喜ばれると考えられる。同時に、マニキュアができる女性にとってもマニキュアの手入れはかなりの時間を取るもので、気をつかうことなので、同じくらい可愛いつけ爪を利用することができれば、マニキュアから乗り換えることも十分想定できる」

```
┌─────────────────────────────────────────────┐
│ 5. 市場規模、成長性                          │
│                                             │
│  ● 市場規模は…              ── 本事業の市場がどこなのか、どう │
│    －×××                       いった規模なのかできるだけ具体的 │
│    －×××                       に書く。ネット通販、ルーターといっ │
│                                たあいまいな表現ではなく、その中 │
│                                の特にどの分野をターゲットにして │
│  ● 市場の成長性は…             いるのか、そこがどのくらい大きな │
│    －×××                       市場でどのくらい成長しているの │
│    －×××                       か、わかりやすく書く │
│                                                              │
│                             ── 例えば、課金収入を基にしたビジネ │
│         できるだけグラフで説明   スモデルの場合は、どれだけのユー │
│                                 ザーをどうやって獲得するのか、競 │
│                                 合サイト等と競争してどのように獲 │
│                                 得し、課金するのかを納得できるよ │
│                                 うに書く │
└─────────────────────────────────────────────┘
```

【 6. 事業計画と競争優位性 】

◆「事業戦略のまとめ」

　次にここまでの知見を整理し、「事業戦略」としてまとめる。文章を多く並べるというよりも、大きな流れとしてどういう賢いやり方を取るのか、どうして他の人には容易にできないやり方ができるのか、わかりやすく整理する。

　テンプレートの左上には「解決すべき課題とターゲット顧客・ユーザー」を整理する。右上には「自社の強み、弱み」を、左下には「競合他社の動向」、右下には「開発状況、日程」を、まんなか下には、「技術動向（あるいは規制動向等）」を記入する。

6. 事業戦略

— これ1ページでSWOT分析（強み、弱み、脅威、事業機会）やそれに基づく事業成功のポイントがわかりやすく説明できるように書く。規制等も

解決すべき重要な課題とターゲット顧客・ユーザー

- 解決すべき重要な課題
  - ×××
  - ×××
  - ×××
- ターゲット顧客・ユーザー特性は
  - ×××
  - ×××
  - ×××
- 市場規模、成長性
  - 市場規模は．．．
  - 成長性は．．．

事業戦略のまとめ

- ターゲット市場での競争の本質
  - ×××
  - ×××
- そこでの事業成功の鍵
  - ×××
  - ×××
- 事業戦略の要点
  - ×
  - ×
  - ×
- 優先順位づけと経営資源配分
  - ×
  - ×
- 製品・技術ロードマップ
  - ×
  - ×

自社の強み、弱み

- 自社の強み
  - ×××
  - ×××
- 自社の弱み
  - ×××
  - ×××

競合他社の動向

- 全体としての競争状況は．．．．
- 競合他社の動向は
  - A社：×××
  - B社：×××
  - C社：×××
- 参入障壁の状況は．．．．

技術動向（あるいは、規制動向等）

- ×××
- ×××
- ×××

開発状況、日程

- 開発状況
  - ×××
  - ×××
- 開発日程
  - ×××
  - ×××

◆ **競争優位性**

続いて、「競争優位性」について述べる。これは、競合製品・サービスの問題点、限界を左側に列挙し、右側に当社のアプローチを記載している。

競合製品・サービスの問題点、限界については、顧客・ユーザーインタビュー等も通じてできるだけ客観的かつ体系的に表現する。当社のアプローチは「なるほど、これなら勝つな、手ごわい相手にも十分勝てそうだ」とこの分野の素人が聞いて納得できるように書く。

「この分野の素人が聞いて納得できるように」が重要な点だ。事業を立ち上げようというあなたは、誰よりもこの分野に詳しくないといけない。投資家は比較すれば全くの素人ということになる。素人が聞いて納得できるとは、平易で、事の本質を押さえた説明が必要という意味だ。

また、技術が優れているとか、経験豊富とか、そういった表現では特にユニークな「当社のアプローチ」にはならない。もっと具体的な内容が求められる。

「競合を意識したら負けだ。当社はお客様のことだけを見て、どうすればお客様にとってベストか、いつも考えている」という方もいらっしゃるとは思う。

ただ、そう言えるのは事業的にかなり恵まれたケースだけであり、いつも言えることではない。通常は、好むと好まざるを得ず、競合と戦ったり、競合比較を顧客・ユーザーに要求されたりするので、どうしてもこのような1ページに整理することが必要となる。共同創業者候補や投資家に対しても、こういった説明をするとわかりやすい。

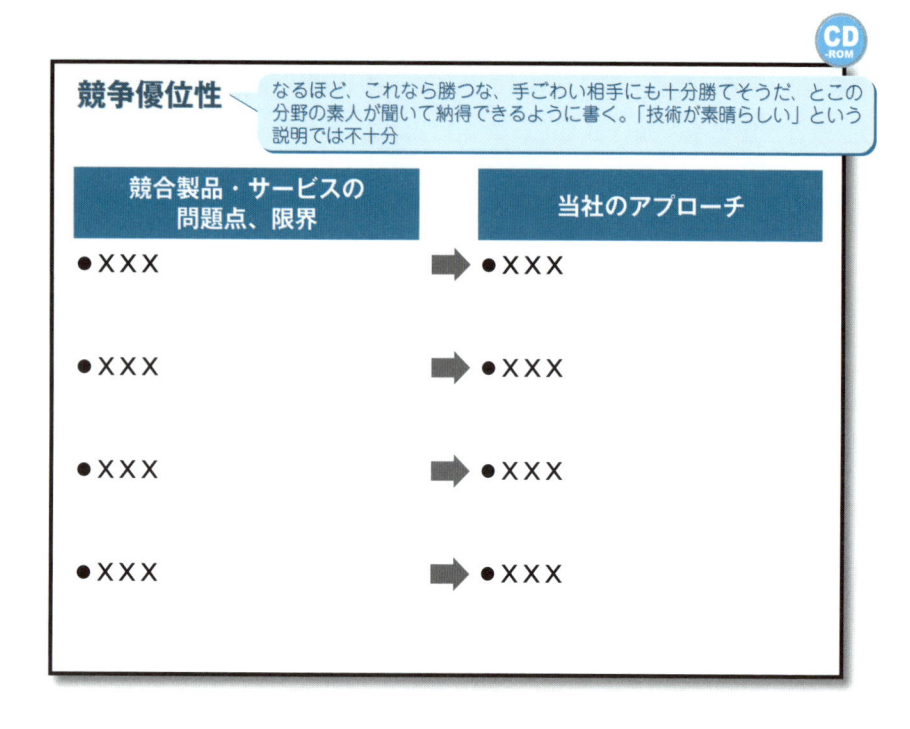

competitive positioning figure:

競争優位性 — なるほど、これなら勝つな、手ごわい相手にも十分勝てそうだ、とこの分野の素人が聞いて納得できるように書く。「技術が素晴らしい」という説明では不十分

競合製品・サービスの問題点、限界	当社のアプローチ
●××	➡ ●××
●××	➡ ●××
●××	➡ ●××
●××	➡ ●××

【 7. 事業提携と実現方策・シナリオ 】

　次に、「事業提携と実現方策・シナリオ」について述べる。事業のすべてを単独で進めることはあまり現実的ではない。外部をうまく活用した競合に対し、投入資源としても不利な戦いを強いられることになる。

　投入資源量だけの問題ではない。自社が特に強い分野に特化し、それ以外は事業提携先に頼る方が事業の成功確率は高まる。自社は何が一番得意かを意識しながら、記入していただけるとよい。

　「なるほど、こういう会社とこんなにうまく提携してやっていくのか、これなら人の力もうまく活用し、自社の強みに集中して事業を立ち上げるこ

とができるな」とこの分野の素人にも一目で理解できるように書くと説得力を持つ。

　以下のテンプレートは事業提携先を4社書くことを想定しているが、3社の場合は、それに合わせて修正していただければよい。表現の形は全くこだわらない。

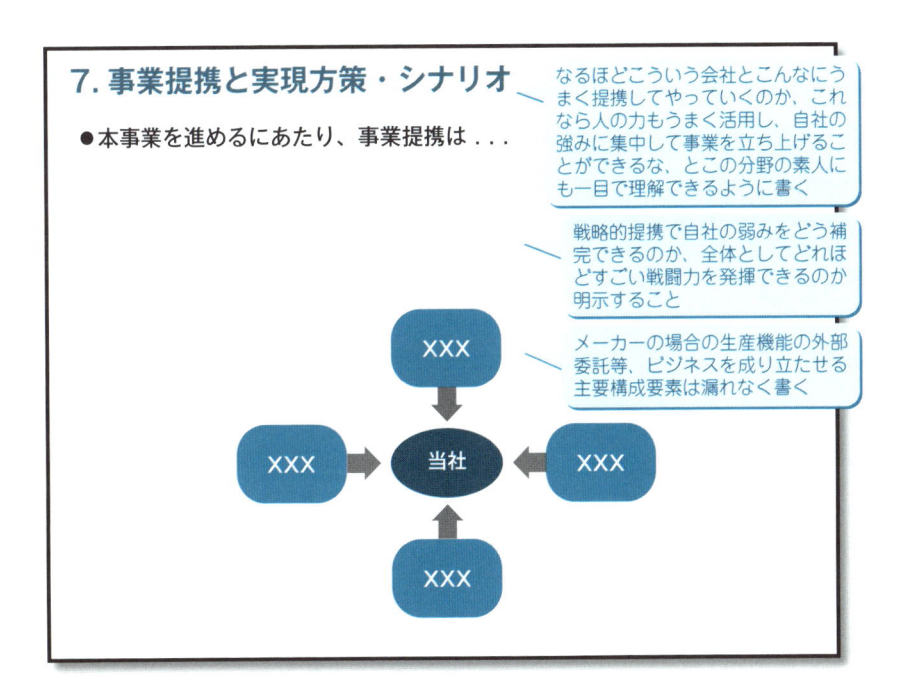

7. 事業提携と実現方策・シナリオ

●本事業を進めるにあたり、事業提携は...

- なるほどこういう会社とこんなにうまく提携してやっていくのか、これなら人の力もうまく活用し、自社の強みに集中して事業を立ち上げることができるな、とこの分野の素人にも一目で理解できるように書く
- 戦略的提携で自社の弱みをどう補完できるのか、全体としてどれほどすごい戦闘力を発揮できるのか明示すること
- メーカーの場合の生産機能の外部委託等、ビジネスを成り立たせる主要構成要素は漏れなく書く

【 8. 利益を上げる仕組み（ビジネスモデル） 】

　次は、「利益を上げる仕組み（ビジネスモデル）」を書く。今回採用したビジネスモデルの全体像をまずわかりやすく説明する。

　右側には、具体的な収益確保の仕組みを詳しく書く。ビジネスからどう利益を出すのか、継続して利益を出すためにどういう仕組みがあるのかを書く。書き方はかなりケースバイケースになる。

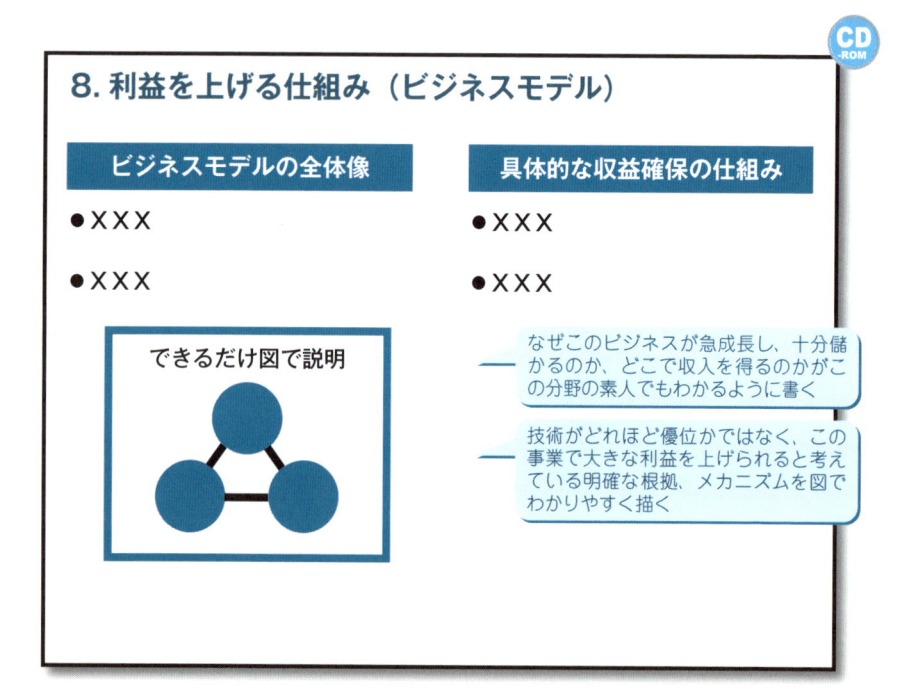

8. 利益を上げる仕組み（ビジネスモデル）

ビジネスモデルの全体像
- ×××
- ×××

できるだけ図で説明

具体的な収益確保の仕組み
- ×××
- ×××

― なぜこのビジネスが急成長し、十分儲かるのか、どこで収入を得るのかがこの分野の素人でもわかるように書く

― 技術がどれほど優位かではなく、この事業で大きな利益を上げられると考えている明確な根拠、メカニズムを図でわかりやすく描く

【 9. 組織体制 】

次は、「組織体制」について、記入する。以下のテンプレートは、開発、調達・生産、マーケティング、営業に分けて、どういう体制なのか、具体的にどう運営するのか、どういう構成メンバーで取り組むのか、などを説明する。これ以外には、デザイナー、エンジニア、カスタマーサポート、経営指標管理、採用・教育、なども必要に応じて書く。

最初から強固な体制で立ち上げられることは少ないので、どういう体制で始め、どう強化していくのか、なぜこれが業界でも強いチームと考えられるのかを説明する。

---

9. 組織体制

開発・調達・生産・マーケティング・営業に対しどういう体制で取り組んでいるのか、人材確保の状況がどうなのか等、事業・会社の状況に応じてわかりやすく説明する

開発
- 開発に関しては、×××
- ×××

マーケティング
- マーケティングに関しては、×××
- ×××

適宜、図を使って説明

調達・生産
- 調達・生産に関しては、×××
- ×××

営業
- 営業に関しては、×××
- ×××（直販、代理店等々）

適宜、図を使って説明

【 10. 実行計画 】

　次は、「実行計画」をわかりやすく表現する。必達目標はそれぞれのアクションに関して、できたできなかったを評価できるよう、白黒つく表現を工夫する。以下のテンプレートでは、3か月以内、6か月以内、12か月以内にそれぞれのアクションをどこまで実行しているべきか、を必達目標として明示している。

　期間は、「1か月以内、3か月以内」、「1週間以内、2週間以内、1か月以内」などもある。実行計画の実施タイミングを考慮して決定する。

　実行計画は何ページに分けて書いてもエネルギーばかり使うので、なるべくテンプレートのように1ページに7～15のアクションを記入し、一覧性があるように表現する方がよい。7～15のアクションについては、必要に応じ、その詳細を別紙で作成する。この場合も決して書きすぎないように、書くことにエネルギーを投入しすぎないように注意する。

10. 実行計画

製品・サービスの速やかな事業化に向け、具体的なアクションが何で、誰がいつまでにどこまで実行するのか、わかりやすく説明する

具体的なアクション	責任者	必達目標		
		3か月以内	6か月以内	12か月以内
●X	●X	●X	●X	●X
●X	●X	●X	●X	●X
●X	●X	●X	●X	●X
●X	●X	●X	●X	●X
●X	●X	●X	●X	●X
●X	●X	●X	●X	●X
●X	●X	●X	●X	●X
●X	●X	●X	●X	●X

◎：目標を十二分に達成（105％以上）
○：目標をほぼ達成（98～105％未満）
×：目標未達（80～98％未満）
××：目標にほど遠い結果（80％未満）

事業計画テンプレートに記入する際のポイント

　テンプレートに記入する際は、あれこれ迷わず、メモを書き写していく。メモの内容を全部反映し終えたと思ってから、改めて吟味し、表現を変えていく。そうしないと時間ばかりたち、迷いながらメモの1/3程度を数日かけて記入することになる。

　テンプレート各ページのフォントサイズ、スペースは、それを守っていただければほぼ過不足なく表現できるので、いったんは活用してみていただきたい。

　ファイルは1時間に数回、最新版を必ず保存しておく。保存していない時に限って、PCがフリーズするとか、悲惨なことが起きがちだ。自動保存もあるが、念を入れておく。

　テンプレートに記入し、いったん完成後に改めて吟味する際、スライドショーにして何度も何度も初めから流してみる。そうすると、数十箇所修正すべき点が出てくるので、気がついたところはどんどん修正していく。

　一箇所修正すると必ず他の場所も合わせて修正することが必要になるので、行ったり来たりしながら修正する。そのプロセスで、事業計画が格段に整理されてくる。

5日目
改めて顧客・ユーザーインタビューを実施し、内容を修正する

　5日目は、テンプレートへの記入を完成させ、パワーポイントでの事業計画ドラフトを顧客・ユーザー候補に説明してフィードバックをいただく。

　メモ書きと違ってパワーポイントに書いてあると、相手の印象もかなり変わってくる。より正確に伝わることで、よい点、不足している点がはっきりと浮かび上がってくる。

再度顧客・ユーザーインタビューの実施

　パワーポイントでの事業計画ドラフトができ上がったら、改めて顧客・ユーザー候補に説明し、フィードバックをいただく。

　こちらの考えもはるかに深まっているし、パワーポイントでわかりやすい資料になっているので、前段階での顧客・ユーザーインタビューよりもより正確な理解のもとでのフィードバックになる。

　ただし、
「こういう製品・サービスを作りたいと思いますがいかがでしょうか。ご関心はありますでしょうか？　買っていただけそうでしょうか」
　と直球で質問しても、答えは全くあてにならない。唐突過ぎるし、こちらを思ってお茶を濁す返事をされてしまう。

　顧客・ユーザーの反応である程度あてになるとしたら、
「え？　何これ！　すごい！　本当なら今すぐ欲しい。試作品でもいいからすぐ持ってきてほしい」
「最初に使わせてほしい」
「いくらだ？　今すぐ金を払わせてくれ」
　と狂喜された時くらいだろう。残念ながらここまで喜ばれることは中々ない。

　大半のケースは、こちらを思いやって
「いいですね。多分使うと思います」
　程度になる。こう言われた時は、
「はずれた。だめだ。やり直しだ」

と理解していただきたい。

　その時はにこにこして、
「ありがとうございます。どこを改善したらもっとよくなると思いますか？」
「今はどういった製品をお使いでしょうか？　どうやったらこちらに切り替えていただけるでしょうか？」
　と切り返していかないといけない。あるいは、
「そちらの製品のどういった点を気に入っておられますか？」
　というふうにストレートに聞いてもよい。
　相手の性格と、こちらの水準・雰囲気・接し方によって千差万別ではあるが、あらゆる方法を使って、顧客・ユーザー候補の本音を引き出していく。

　女性は比較的相手の本音と建前に敏感なことが多いので、自信のない男性はぜひ一緒に行ってもらうとよい。同じことを聞いても全く違う判断をすることがよくあるはずだ。

事業計画の内容を修正

　顧客・ユーザーインタビューの結果を踏まえ、改めて事業計画をゼロベースで見直す。少しだけ修正しようとすると、せっかくのフィードバックに目をつむったことになり、もったいない。そういうことをすると、しばらく経ってから後悔することになる。

　疑問点が少しでもあったら、メモを20ページほど書いて、その疑問点の理由を探るべきだ。疑問点があるということは、どこか気づいていないところで矛盾があったり、よいとこ取りをしていたり、気づかぬ甘さがあったりしているからだ。自分に厳しくない人は決して事業を成功させることができないので、聞いた内容を意識して直視することが必要である。

　注意すべきは、自信がない人、過度に悲観的な人は、「もうだめだ、この事業は成功させられない。どうせ自分はできない」と心が折れてしまうことだ。

　そういう人はもともと自分で事業をするには向いていないといえばそれまでだが、メモ書きを休まず毎日10ページ続ければ、かなり改善できる。メモ書きを続けた、という意味での自信も湧いてくる。もう少しバランスの取れた見方でインタビュー結果を見て前進できるようになる。

6日目
収支計画を立案し、事業計画を修正する

⑪ 収支計画

【 2年間の月次収支計画 】

　事業計画の骨格がほぼ決まったら、2年間の月次収支計画を立案する。

　顧客・ユーザー数の伸び、課金ユーザー比率、一人当たりの課金額、一人当たりの獲得費用、顧客・ユーザー継続率等、その事業の収支を左右する10～15個の項目に関して前提条件を置き、月次で売上、入金、支出、月次収支、融資額、出資額、月末口座残高を作成する。通常はエクセルまたは同等の機能を持つソフトウェアを使用する。

　これから立ち上げるビジネスに関して精緻な数値計画を立てても、始めてみれば大きく変わることが多いが、経営の目安、羅針盤として重要であり、できるだけ正確にモデリングするよう努力する。

項目は下記の通りで、これ一つで事業の財務状況が一目でわかる。考えられる限り正確に記入していく。

- 売上（各項目ごと）
- 入金（当月の入金にまとめて）
- 支出（各項目ごと）
- 月次収支（入金－支出）
- 融資
- 出資
- 月末口座残高

売上は常に安全サイドに、支出は多めに見積もることは言うまでもない。
製品やサービスが売れて売上が立っても、実際の入金は翌月末あるいは翌々月末というのがざらにある。したがって、売上と入金は分けて扱う。

いわゆる黒字倒産のように、売上は上がっていても、入金が遅れて資金繰りが間に合わなくなることが起きがちなので、十分な注意が必要である。

◆ 3つのケースの収支計画

収支計画は、3つのケースを想定する。

「**ベースケース**」は、創業社長・新事業リーダーとして絶対に達成すべきと考える数字を置く。当然、前提条件の中には十分読めないものもあるが、全体としてはこのくらい行きたい、行かせないわけにはいかない、行かなければ始めた意味がないと思う、自分としての最低ラインになる。

「ベースケース」をどう設定するかは結構な難題で、低く設定しすぎると魅力のない事業計画になるし、チームの目線も下がってしまう。低い目標

に引っ張られ、結果として低いレベルの行動で満足しがちになる。「これはただのベースケースだ、それ以上目指すんだ」と言ってもどうしてもそれに引きずられてしまいがちだ。一方、高く設定しすぎると、初月から目標未達成になり、「目標は達成できなくても仕方がない」という間違った理解が社内・チーム内に蔓延しかねない。

　創業社長も新事業リーダーも、こういう初歩的、基本的なところで結構疲労するので、事業のタイプ、事業環境、構成メンバーの性格、成功体験、事業とのマッチング等を基に決定する。

　「もっと上を目指すケース」 は、いくつかの条件がそろい、主な経営指標が想定を超えた場合に達成できる水準を設定する。

　「より保守的なケース」 は、悲観的に見てもこのくらいは達成するだろうと考えられる水準、最低でもこれ以上は行かないとと考える水準とする。

　事業が実際に動き始めたら、現実を踏まえて収支計画の前提条件を見直す。元の数字は当初計画として残しておき、乖離の度合い・理由を分析する必要があるが、ベンチャーとしてある程度は柔軟に考えて取り組む。
　大きな方針である事業計画そのものも、これは行けそうだ、と考えられるまで何度も方向転換し、修正していくことになる。

11. 月次収支計画

月次で売上、入金、支出、月次収支、月末残高を想定する。数字はわかっている範囲で正確に記入し、実績値が出次第、精度を上げていく

収支計画

	4月	5月	6月	7月	8月	9月	10月	11月	12月	1月	2月	3月
登録UU数	0	2,000	40,000	90,000	200,000	300,000	400,000	600,000	800,000	1,000,000	1,200,000	1,400,000
ユーザー売上	0	0	0	304,000	304,000	684,000	1,520,000	2,280,000	3,040,000	4,560,000	6,080,000	7,600,000
アクティブユーザ数	0	800	16,000	36,000	80,000	120,000	160,000	240,000	320,000	400,000	480,000	560,000
月間PV数	0	72,000	1,440,000	3,240,000	7,200,000	10,800,000	14,400,000	21,600,000	28,800,000	36,000,000	43,200,000	50,400,000
広告収入	0	0	0	72	1,440	3,240	7,200	10,800	14,400	21,600	28,800	36,000
出資	5,000,000	0	0	20,000,000								
入金合計	5,000,000	0	0	20,000,072	305,440	687,240	1,527,200	2,290,800	3,054,400	4,581,600	6,108,800	7,636,000
社員	1	2	2	2	3	3	3	4	4	5	4	5
アルバイト	1	1	1	1	1	2	2	2	2	2	2	2
デザイン発注	2	2	2	2	2	2	2	2	3	2	3	3
サーバ台数	5	5	5	5	7	7	7	10	10	10	10	10
人件費	350,000	650,000	650,000	650,000	950,000	1,000,000	1,000,000	1,300,000	1,300,000	1,600,000	1,300,000	1,600,000
外注費	100,000	100,000	100,000	100,000	100,000	200,000	200,000	200,000	200,000	200,000	200,000	200,000
サーバ費	250,000	250,000	250,000	250,000	350,000	350,000	350,000	500,000	500,000	500,000	500,000	500,000
広告費	100,000	100,000	100,000	200,000	200,000	1,000,000	1,000,000	1,000,000	1,000,000	1,000,000	1,000,000	1,000,000
家賃	150,000	150,000	150,000	150,000	150,000	300,000	300,000	300,000	300,000	300,000	300,000	300,000
水道光熱費	15,000	15,000	15,000	20,000	20,000	20,000	30,000	30,000	30,000	30,000	30,000	30,000
通信費	25,000	25,000	25,000	25,000	30,000	30,000	30,000	35,000	35,000	40,000	40,000	45,000
融資返済												
出金合計	990,000	1,290,000	1,290,000	1,395,000	1,800,000	2,900,000	2,910,000	3,365,000	3,365,000	3,670,000	3,370,000	3,675,000
月次収支	4,010,000	-1,290,000	-1,290,000	18,605,072	-1,494,560	-2,212,760	-1,382,800	-1,074,200	-310,600	911,600	2,738,800	3,961,000
月末残高	4,010,000	2,720,000	1,430,000	20,035,072	18,540,512	16,327,752	14,944,952	13,870,752	13,560,152	14,471,752	17,210,552	21,171,552

前提条件

課金率	2	%
ユーザ単価	300	円
課金ユーザのアイテム購入率	20	%
アイテム購入額/月	400	円
アクティブユーザ率	40	%
ユーザあたりのPV数/日	3	
広告単価 (CPM)	1	円
役員報酬・正社員給与	300,000	円
アルバイト	50,000	円
デザイン外注費	100,000	円
レンタルサーバ単価	50,000	円

「⑪ 収支計画」の考え方・見せ方

STEP1 前提条件整理と収支計画立案

まずは、12か月分の収支計画をさっと作る。前提条件は左端にまとめて列挙し、その数字を入力して読み取る形とする。そうすれば違うケースをすぐ作ることができる。

資金は最低6か月先までもつように計画しなければならない。実際は6か月でも短すぎ、10か月程度は心配ないようにしたい。

ただ、そうなるとほとんどの起業はできなくなってしまうので、個別の状況で判断する必要がある。

STEP2 事業計画の内容を再度修正

収支計画を立てると、初期投資や営業体制の強化と売上の伸びなどで事業計画を見直す必要が出てくる。パワーポイントの事業計画とエクセルの収支計画の間で矛盾がないように双方を見比べて、計画をさらに練っていく。

STEP3 収支計画の内容を再度確認

事業計画の内容を再度修正後、改めて収支計画の前提条件を見直す。本当にこれが現実的か、この数を達成できるのか再度確認する。

⑫ 資本政策

資本政策とは、会社の**資本構成が設立時期から上場あるいは売却までどういう形で変わっていくのか**を横長の表にしたものだ。

会社を設立する場合、創業者が何％、共同創業者が何％の株式を持つかを決める必要がある。その後、新しいメンバーが参加したり、エンジェル投資家・インキュベータ・ベンチャーキャピタル等の投資会社、事業会社から出資していただいたりして、どういう株式構成になるかの方針を目安として決めておく。

株主および出資比率は後からは修正しづらいので、信頼できる先輩社長や投資家によく相談して慎重に決める。

資本政策表は一見難しそうだが、簡単なかけ算割り算だけででき上がっているので、ぜひ添付のエクセルファイルで各欄にカーソルを当て、どういう仕組みになっているのか一度よく理解してほしい。

いつ誰がいくらで株を取得したか、ということだけがポイントになる。

ただ、表自体は簡単なものの、いろいろと注意点や落とし穴があり、一度出資してもらうと後から修正することが非常に困難なので、信頼できる先輩社長2, 3人によく相談していただきたい。

一人でなく複数人がよい理由は、事業の状況、経営メンバーのスキル・姿勢、投資家との相性、投資家の関心・投資方針等によってどうすべきかかなり変わるため、あなたの会社の資本政策をどうすべきか、バランスのよい助言をすることが簡単ではないためだ。

【 資本政策の3つのステージ 】

一般論だけ述べると、資本政策は次のようなステージに分けて考える。

◆創業期　①2人で起業する場合

フルタイムの共同創業者が一人の場合、**社長が70～80％、共同創業者が20～30％がバランスがよい**と考えている。社長が2/3以上を持ち、株式上も両者の力関係が明確に規定されるのでノイズが入りにくい。

もちろん、社長が90％以上、共同創業者が10％未満というのもなくはないが、共同創業の精神には合いにくい。社長が40代、共同創業者が20代で、共同創業するもののあきらかに力量・経験・想定される貢献度に差があり、かつ共同創業者の出資余力がそれほど大きくない場合はありうると思われる。これも、すべて個別状況による。

逆に、社長と共同創業者の力量・経験・想定される貢献度が非常に近い場合、50％―50％も絶対にないとは言えない。ただ、経営方針にギャップが生じた場合、相手を立てる、相手に譲るという気持ちになりにくい懸念があり、意思決定上、問題を起こしやすいと考えている。
お互いに心底信頼し合っていても、それぞれの親しい友人・アドバイザーが、50％―50％だということを知ると、よかれと思って何かとアドバイスしがちだからだ。
「50％シェアがあるのだから、あなたの意見をもっと強く言わないと、彼のいいようにされてしまうよ」という助言は、その部分だけ見ると間違ってはいないが、中期的に見て共同創業者間の仲を裂く可能性がある。

バックグランドの異なる2人の人が常に100％経営方針に合意し続けている、ということはあまり期待できない。どうしてもなんだかんだでギャ

ップが生じてしまう。

　議論を尽くして合意すればよいという人がいるが、それは時間がいくらでもある場合の理想論であって、ベンチャー経営にはあまり向いていない。少なくとも、時間ばかりかかりあまり現実的ではない。社長の独断専行はまずいが、ある程度議論したら社長の意思を尊重し、すばやく意思決定して行動に移し、動いてみてから改めて吟味するような姿勢がベンチャーとしては必要だ。

　共同創業者とはいえ、社長と No.2 の間には、責任感、肩の荷の重さ等、雲泥の差がある。会社が継続できるように資金繰りに気を配り続けるのも社長の仕事だ。重さに大きな差がある状況で持株比率が同じだと不公平感も生じがちだ。
　したがって、持株比率もある程度以上の差をつけ、余計な混乱が生じないようにするのが現実的であり、かつ知恵があると考えている。

　合弁企業等で50%―50%はまずい、必ずせめて51%―49%にして、どちらが決定権を握るのか明らかにしておくべきだ、という議論はあるが、そのレベルで会社対会社の関係の中で、最終的に議決権で押し切るのと、2人しかいない新進ベンチャーで意見を戦わせ、前に進むのと事情は大いに異なる。

◆**創業期　②3人で起業する場合**

　次に、共同創業者が2人いて、社長を含め3人の場合、社長の比率はもう少し下がる。**社長が 60 〜 70%、共同創業者 A、B の合計が 30 〜 40%** 程度であろうか。
　共同創業者 A、B がほぼ同格の場合は、30 〜 40%を同率で分ける（それぞれ 15 〜 20%ずつ）。
　同格ではない場合、A が 20 〜 30%、B が 10 〜 15%くらいであろうか。

これも社長と共同創業者Aの立場が比較的近い場合は、社長が60％、共同創業者Aが30％、共同創業者Bが10％などとなるし、社長と共同創業者Aの立場が比較的離れている場合は、社長が70％、共同創業者Aが20％、共同創業者Bが10％などとなる。

どれも目安であり、絶対的なものではない上、会社の状況により大きく異なる。信頼できる先輩社長に十分相談して決めていただきたい。

◆最初の資金調達（シードステージ）

※エンジェル投資家

創業数か月後に数百万円から1000万円前後を一人あるいは数名のエンジェル投資家から出資していただく場合がある。

エンジェル投資家は、上場や売却で数億円以上の資産を得られた先輩社長や、引退後にベンチャー支援をしていらっしゃる方だ。積極的な方は、ITベンチャーの資金調達等の記事に名前が出ることも多いのでコンタクトしたり、先輩社長の紹介でお会いし、意気投合した場合に出資をお願いする。

社長のビジョン、実行力等を評価していただき、応援団的な立場での出資となる。時価総額も創業時の数倍以内が普通であり、5～10％程度の出資比率が目安となる。

例えば、出資後時価総額を2000万円、出資比率5％とすると100万円の出資となる。出資後時価総額を5000万円、出資比率を7％とすると、350万円の出資となる。

こちらも、相場観があり、ベンチャーの状況により大きな幅があるので、一概には言えない。実績があり、相性がよく、貢献していただけそうなエンジェル投資家であれば、なるべく出資いただいて、事業の早期立ち上げ、人材採用、事業提携、次の資金調達等への助言をいただくのがよいと考え

ている。

※インキュベータ

インキュベータは創業初期のベンチャーに対して100〜500万円程度の出資をしてくれる。

ここ数年増えていて20社以上設立されており、ベンチャー系の記事にはよく名前が出るので、比較検討していただきたい。記事を読むだけではよくわからないことも多いので、少なくとも4〜5社は訪問し、出資された会社の社長へのヒアリングも数社以上行って比較検討する。

インキュベータに出資していただくと、投資先の似たようなステージや、もう少し進んだステージのベンチャーとの出会いの機会が増えるので、協業ができたり相談相手になったりして、事業立ち上げのスピードアップに役立つことも多い。週1回〜月1回程度、面談があり、いろいろと助言してくれるが、会社によってかなりばらつきがある。

また、オフィススペースを用意しているところが多いが、チームが4〜5人以上になると、大方外部でオフィスを借りる方が安くなる（インキュベータ側も最初の3か月だけ入居などと限定している場合もある）。

◆第2回以降の資金調達（シリーズA以降）

※ベンチャーキャピタル

ベンチャーキャピタルは、年金等の機関投資家や事業会社から資金を集めてファンド（投資組合）を作り、そこから有望なベンチャーに出資をしてリターンを得る、専門的な投資会社である。VCと略して表現されることも多い。

出資したベンチャーが上場したり、高い時価総額で買収されたりした場合に、出資金が数倍〜数十倍になるが、その80％程度をファンドへの出資者に分配し、20％程度をベンチャーキャピタルの収入とするモデルで動

いている。その他に、毎年ファンド総額の1～2％前後を管理報酬として受け取っている。

　ベンチャーキャピタルは大きく独立系、証券・保険・銀行系に分かれる。

　独立系は、大手VCの経験者が創業して設立したVCが比較的多い。大手VCの限界を感じて独自の工夫をすることが多く、パートナーの投資経験も豊富なケースが多い。

　証券・保険・銀行系は、プロパー社員と、証券会社、保険会社、銀行から出向した管理職、役員から構成されることが多く、担当者によって経験、支援スキルのばらつきが多い。誰が担当になるかによって有利・不利も若干見られるため、先輩社長の助言をぜひ聞いていただきたい。

※事業会社

　事業会社が自社の事業上メリットのあるベンチャーに出資したり、早期に買収したりしている。事業会社本体からの出資・買収のケースと、ベンチャーキャピタル的に設置した別組織からのケースがあるが、本質はかなり近い。

　KDDI、リクルート、Yahoo!、Google、NTTドコモ、フジテレビ、楽天、サイバーエージェント等が特に活発に動いている。

6日目　収支計画を立案し、事業計画を修正する

12. 資本政策

資本政策には創業時に誰が何％出資するか、その後どういう資金調達をするか、ストックオプションをどう付与するかを記載する

株主名	会社設立 2014年4月1日				共同創業者参画 2014年5月1日				第1回 第三者割当増資 2014年7月1日				第2回 第三者割当増資 2015年1月31日				第3回 第三者割当増資 2015年7月31日			
	割当株数	属さ株式		含む潜在株式	割当株数	属さ株式		含む潜在株式	割当株数	属さ株式		含む潜在株式	割当株数	属さ株式		含む潜在株式	割当株数	属さ株式		含む潜在株式
		株数	シェア	株数 シェア		株数	シェア	株数 シェア		株数	シェア	株数 シェア		株数	シェア	株数 シェア		株数	シェア	株数 シェア
資本金		45,000	90.0%	45,000 90.0%		44,500	89.0%	44,500 89.0%		44,500	84.6%	44,500 84.6%		44,500	77.2%	44,500 77.2%		44,500	71.1%	44,500 71.1%
共同創業者A		5,000	10.0%	5,000 10.0%		5,000	10.0%	5,000 10.0%		5,000	9.5%	5,000 9.5%		5,000	8.7%	5,000 8.7%		5,000	8.0%	5,000 8.0%
共同創業者B					500	500	1.0%	500 1.0%		500	1.0%	500 1.0%		500	0.9%	500 0.9%		500	0.8%	500 0.8%
経営メンバー										2,631	5.0%	2,631 5.0%		2,631	4.6%	2,631 4.6%		2,631	4.2%	2,631 4.2%
SO枠																			0	0.0%
小計	50,000	50,000	100.0%	50,000 100.0%	0	50,000	100.0%	50,000 100.0%	0	52,631	100.0%	52,631 100.0%		52,631	91.3%	52,631 91.3%		52,631	84.0%	52,631 84.0%
VC1													5,000	5,000	8.7%	5,000 8.7%		5,000	8.0%	5,000 8.0%
VC2																	5,000	5,000	8.0%	5,000 8.0%
小計													5,000	5,000	8.7%	5,000 8.7%	5,000	10,000	16.0%	10,000 16.0%
合計	50,000	50,000	100.0%	50,000 100.0%	0	50,000	100.0%	50,000 100.0%	0	52,631	100.0%	52,631 100.00%		57,631	100.0%	57,631 100.0%		62,631	100.0%	62,631 100.0%
資本金	¥5,000,000				¥5,000,000				¥6,315,500				¥18,815,500				¥38,815,500			
資本準備金	¥0				¥0				¥1,315,500				¥13,815,500				¥33,815,500			
出資時株価総額	¥5,000,000				¥5,000				¥52,631,000				¥288,155,000				¥501,048,000			
出資時時価総額					¥5,000,000				¥50,000,000				¥263,155,000				¥461,048,000			
発行価額					¥1				¥2,631,000				¥25,000,000				¥40,000,000			
株価					¥100				¥5,000				¥5,000				¥8,000			
株数					50,000株				52,631株				57,631株				62,631株			
資本金組入額					¥5,000,000				¥1,315,500				¥12,500,000				¥20,000,000			
準備金組入額									¥1,315,500				¥12,500,000				¥20,000,000			
備考									出資時価総額5000万円で263万円調達予定				出資時価総額2億6300万円で2500万円調達予定				出資時価総額4億6000万円で4000万円調達予定			

219

7日目
最終仕上げとプレゼン練習をする

　7日目は最終仕上げとプレゼン練習だ。
　聞く側の立場で最終チェックをし、家族、友人、知人、同僚に再度聞いてもらう。初めて聞く人の方がより客観的な意見を言ってくれる。2日目に意見を求めた相手にも説明し、5日間でいかに進歩したか見てもらうのも刺激になる。

　目を見張る進化に感心されることだろう。
「あなた、すごいわね！！ほれ直しちゃったわ」
　ということにもなる（といいな）。
「おまえ、すごいな。見直したよ。本当にびっくりした！」
　ということにもなる（はず）。

　事業計画を再度修正し、プレゼン練習も4, 5回通しでやってみる。そうすると、説明しづらいところ、相手に伝わりにくそうなところが浮かび上がってくる。

聞く側の立場で最終チェック

　自分として最終仕上げをしたら、聞く側の立場で改めて最終チェックを行う。

　スライドショーにして、聞く側になったつもりで全体を何回か繰り返して見ると、そのたびに気づくことがあるので、すぐ修正する。自分がすべて作成した事業計画にも関わらず、初めて見るつもりで1ページ1ページ読んでいくと、理解できそうにないところ、説明が端折られているところなどが目に飛び込んでくる。

　それをすぐ修正する。
　一箇所修正すると、他にも修正の必要が出てくる場合がある。改めて目次を見直す。「あ、こちらの章も少し直さないと」というところが見えてくる。そうすると他の章の修正も浮かんでくる。それでまた最初に戻る。事業ビジョンも少し手直しする。
　こういった感じで、完成度が上がっていく。

　ほぼOKになったら、家族、友人、知人、同僚に説明し、意見を聞く。初めて聞く人の方がより客観的な意見を言ってくれるので、無理を言ってお願いする。「私は素人だからわからない」と言われても、「いやいや素人だからこそちゃんと理解できるかどうか言ってほしいんだ」などと言って頼み込む。
　不思議なことに、そういうことを言う人に限って実に痛いところをずばっと突いてくる。そこを手直しする。根本的に見直す必要が出る場合もある。

プレゼン練習と修正

　家族、友人、知人、同僚へプレゼンし、フィードバックを反映した後、本格的にプレゼン練習をする。
　もしプロジェクタを利用できる場合は実際にプロジェクタを使って、立ってプレゼン練習をする。姿勢をただし、大きな声で実際のプレゼンのように説明する。最初の挨拶から最後まで本番そっくりにする。服装もきちんとする方がよい。

　プレゼンは、大きな声でゆっくりと行う。
　練習だからといって細部を端折らないのがよい。時間は20分をいったんの目安とする。実際はそれ以上取れる場合もあるが、急に短縮されることもあるので、20分が一つの目安になる。もっといえば、5分、10分、20分、30分のそれぞれでプレゼンする練習をしておいた方がよい。

　人によってプレゼンのスタイルは違う。欧米と日本でも大いに違う。事業計画を初めて作る方はプレゼンにもあまり慣れていないと思うので、一番簡単で効果的な方法をご紹介したい。

　それは、事業計画の各ページに書いた内容をそのまま読み上げることだ。タイトル、各行それぞれ大きな声ではっきりと読んでいく。どうしても補足したい内容があれば、その行を読み上げた後、さらっと補足する。

　各ページに書かれた内容を直接説明せず、そのページを見せながら、実際は少し別のことを話す人が結構いるが、これはやめた方がいい。

　聞く側はどこを見ていいのかわからないのでうろうろする。どこを説明

しているのかと探す羽目になり、聞くことに集中できない。

　それよりは、せっかく一生懸命吟味して書いた内容なのだから、想いをこめてゆっくり大きな声で読み上げるのが一番伝わりやすい。どうやってうまく伝えようかとあれこれ悩んだり、余計な工夫をするのに比べ、ストレスも激減する。

　グラフの場合は、「横軸は～」、「縦軸は～」と必ず軸を説明してから中の折れ線グラフ、棒グラフ等のデータを説明する。説明後、グラフの意味合いを追加で説明すると、より理解が深まり、効果的だ。

　表の場合は、各項目を説明し、左側から右側へ、上側から下側へ説明していく。こちらも説明が難しければ、表が複雑すぎることをまず疑った方がよい。本当に大事なポイントのみを表現する。

　言葉使いとしては、「あのう」、「そのう」、「え～と」などは極力言わないようにする。耳障りだし、自信のなさが伝わってしまうからだ。
　また、「～させていただきました」「書かせていただきました」というふうに、「いただきました」を連発する人がいるが、これも聞き苦しい。日本語としても過剰であるし、ベンチャー的な精神が少し減退するのではないだろうか。

　上記に気をつけながら本番さながらのプレゼン練習を行うと、必ず新たな修正箇所が浮かんでくる。その場で修正し、改めてプレゼン練習を続ける。5, 6回実施すると、安心できるようになる。

第3章

事業計画の実行

1 事業計画の継続的な改善

2 リーンスタートアップ

3 会社設立と共同創業者

4 資本金の確保と資金調達の可能性

5 ベンチャーの経営

6 企業内の新事業創出

1 事業計画の継続的な改善

　事業計画の第1版が7日ででき上がったら、実現に向けて次のステップに踏み出していく。

　一つは事業計画の継続的な改善であり、これ自体は少なくとも何度か方向修正をし、単月黒字を達成して成長の目途が立つまでは継続的に行う。

　もう一つは、リーンスタートアップと呼ばれる超高速の仮説構築・検証・修正型商品開発プロセスを始動する。
　これは2005年前後から米国シリコンバレーを中心に始まったアプローチで、事業立ち上げの成功確率を大きく上げてくれるありがたい方法論だ。ベンチャーでも、大企業でも、個人でも皆、恩恵にあずかることができる。

◆**事業計画は改善し続けることで精緻になる**

　事業計画をわずか7日で仕上げる意味は、そのくらいのスピード感でいったん第1版を完成させプレゼンしてみると、粗が見えてきて、自分自身、改善のアイデアが無数に湧き、どんどん改善できることにある。

　こういうやり方をしないと、数か月以上延々と情報収集をし、さらに何か月もかけて事業計画作成のまねごとをし、結果としてはタイミングを逸してしまうことにもなる。

　そうではなく、電光石火で作った第1版を人に見せ、フィードバックをもらい、改善し続けることにより、事業計画もより精緻なものになり、自信も強化されることになる。

2 リーンスタートアップ

　ここ数年、リーンスタートアップという新しい事業立ち上げのアプローチが話題になっている。
　スタートアップという名前がついているものの、実は、ベンチャーだけに限ったことではなく、企業サイズに関わらず新しいサービス・製品を考える上で非常に役に立つ。

　また、リーンといっても、「安価に」とか「人手をかけない」とかではなく、事業立ち上げの成功確率を上げる、賢いアプローチだと考えている。

【 リーンスタートアップのステップ 】

　リーンスタートアップは実は簡単ではない。ただ速くやればいいというものではなく、次のステップを踏む必要がある。

① 顧客・ユーザーが泣いて喜ぶ価値仮説と、一人の顧客・ユーザーが 3 人呼んでくれる成長仮説を立て（それぞれ 800 〜 1000 字）
② それぞれにターゲットとすべき経営指標を 5 〜 6 個設定し
③ 仮説を検証するための必要最小限の MVP を最速で構築し
④ ユーザー候補を何名か確保して最速で検証し
⑤ ターゲット経営指標を満たさなかったらすぐ仮説を修正して（微妙にピボットする）
⑥ ターゲット経営指標を改めて設定し
⑦ MVP を修正・再構築し
⑧ 再び最速で検証する
→ ⑤に戻る（何度か繰り返す）

できれば、7 日で事業計画第 1 版を作成した後、
・①〜②を数日で
・③はものによるが早ければ数日で、どんなに遅くても 2 週間程度が望ましい
・④〜⑧は 1 〜 2 週間で
全部で 1 〜 4 週間を目指したい。

もちろん⑤〜⑧の繰り返しの頻度によってもう少し時間がかかる場合もある。鍵は、以下の 3 つにかかっている。

- 価値仮説、成長仮説がどこまで鋭く的確か？
- どこまで割り切って簡単な MVP を作れるか？
- 最速で検証し、仮説を修正するか？

【　価値仮説と成長仮説　】

◆価値仮説

　7日間で書き上げた事業計画第1版を元に、「**顧客・ユーザーが泣いて喜ぶ価値仮説**」を詳しく書いてみる。価値仮説というのは、そのサービス・製品を初めて見聞きした顧客・ユーザー候補が大変に喜ぶのはどういう状況かを想像し、できるだけ詳しく述べたものだ。

　「え？　そんなサービスあったの？　いつ出たの？　これすごい！」、「絶対ほしい！！」という興奮状態になるにはどういうサービス・製品にすべきかを詳しく書く。そのくらい夢中になってくれそうなら、きっとそのサービス・製品は売れそうだ、という意味だ。

　この価値仮説をわかりやすくするため、私は「顧客・ユーザーが泣いて喜ぶ価値仮説」という名前をつけた。

　その中では、まず、ターゲットとする顧客・ユーザーが具体的にどういったタイプの人で、どういう**価値基準を持ち、何に関心を持ち、このサービス・製品にどう反応するか**を詳しく書く。

　例えば、女性向けスマホ地図アプリの場合、

> 「20〜40代のスマホユーザーで地図を読むのがあまり得意ではない女性。主に東京、大阪など大都市圏で、仕事をしている」
> 「新しい場所に行くといつも迷うので不安。地図を見て行っても必ず迷う」
> 「そもそも地図の上が北で、右側が東ということがよくわからないし、南側を向いて立っていると何が何だかわからない」

という状況だと想定する。その時、例えば、

> 「このアプリだと、どちらを向いていても全く迷わないし、方角ではなく、目印で教えてくれるので本当に安心。地図が苦手な私でも安心してお出かけできそう」
>
> 「ぐじゃぐじゃ書いてなくて、一目でわかるし、東西南北もいらないし、ほんとによかった！」

と思えるような新しいタイプのアプリの内容を詳しく書く。

　価値仮説は当初200〜300字で書いてみたが、結局800〜1000字程度で書かないと到底書ききれないことがわかった。14ポイントで書くと、パワーポイント1ページにぎりぎり入るくらいだ。

　上記の例の場合、「地図が苦手、でも外出しなければならない女性」が読むと「そう、そうなんだよね。ほんとに困ってたから、このアプリすぐほしい！」と思えるような、またそれ以外の人が読んでも「そうか、地図が苦手というのはこんなに苦手なんだ。信じられないけどそうなんだろうな。でも、だったらこのアプリ、すごく喜ぶだろうな。これなら飛びつきそうだな」と思えるような、そういう価値仮説になる。

◆成長仮説

　「一人の顧客・ユーザーが3人呼んでくれる成長仮説」とは、一人の顧客・ユーザーがそのアプリ・サービスに感動し、大変に喜んで少なくとも3人以上の顧客・ユーザーに話し、強く勧め、広めてくれる状況をいう。ただFacebookでいいね！をクリックしてもらう、という程度ではない。

　価値仮説よりかなり難しい。例え自分が気にいったとしても、よほどのことがない限り、人には勧めてくれないからだ。「え？　こんなサービス使ってるの？」と言われないかという心配もある。

アプリ・サービスによって違うので一概には言えないが、直接的でわかりやすい例をもし挙げるならこうなる。魅力的な出会いがかなり確実だと思われる合コンアプリがあり、5人集まればエントリーできる、という場合、必死になって仲間を探し登録させることになる。これが多分一番強力なものだろう。一方、友達を招待するとクーポンをもらえるとかは一番弱いものになる。

◆ターゲット経営指標

価値仮説、成長仮説それぞれにターゲット経営指標を5〜6個設定する理由は、そうしなければ仮説検証が十分できないからだ。

価値仮説であれば、

- 訪問ユーザーの登録率
- 登録ユーザーのその日の滞在時間
- 翌日継続率
- 3日後継続率
- アイテム購入率

等になる。訪問ユーザーのうち、一定数が登録するかどうかが当然重要であるし、登録したその日、何分以上滞在してくれるかでどのくらい価値を感じていただけるかがわかる。

さらに、登録した翌日にも再度ログインしてくれることは、当然重要な指標だ。翌日だけではなく、3日目にもまたログインし使ってくれると、ユーザーがある程度気に入ってくれていることがわかる。

ユーザーに十分満足していただいているか、ビジネスモデルが成り立っているかに関しては、無料で使ってくれるだけではなく、実際にアイ

テム等購入してくれるのかどうかが当然重要になる。

それぞれ適切と思われる数字を設定すると、例えば、

- 訪問ユーザーの登録率：　20％
- 登録ユーザーの登録当日の平均滞在時間：8分
- 翌日継続率：50％
- 3日後継続率：40％
- アイテム購入率：5％

などとなる。

訪問してくれたユーザーの20％がいいなと思い登録してくれれば、サービスの集客としては比較的歩留まりがいいし、今後のアクションも取りやすい。

登録ユーザーが登録当日に平均で8分滞在していれば、かなり夢中になって見てくれたことになる。登録して何もしないユーザーも一定数いるので、それを除くと、平均滞在時間はさらに伸びる。一方、平均滞在時間が1分とか1分半であれば、かなりのユーザーが何もせず離脱したことになる。そういうユーザーが翌日以降戻ってきてくれる可能性は非常に低いので、こういったサービスが立ち上がることはあまりない。

翌日継続率が50％あれば、当日ログインしたユーザーの半分が翌日もまたやってみようと思ってくれているわけで、ゲーム等であれば悪くない数字だ。一方、毎日当然使うタイプのサービスであれば、もっと高い数字になる。

3日後継続率が40％というのは、仮にゲームであれば、かなりいい数字だ。初めてのサービスでは、どのくらいをターゲットにするかわからないこともあるので、いろいろな仮定を置いて設定せざるを得ない。

アイテム購入率5％は、その日ログインしたユーザーの中で5％が何かのアイテム（メダル、ポイント等そのサービス内の仮想通貨と呼ばれるもの）を購入するということで、適切な数字はサービスによって異なる。最初から設定できる場合もあれば、仮置きした上で数回MVPを実施してみなければ、決定できない場合もある。

成長仮説であれば、
- ユーザー一人あたりの友達招待数：5人
- ユーザー一人あたりの新規ユーザー獲得数：2人
- ユーザー一人あたりのコミュニティ投稿数：10件
- ユーザー一人あたりのバーチャルギフト購入率：8％

等になる。

【 MVP（実証ミニプロダクト） 】

MVP構築で重要なのは、仮説を検証するために本当に必要最小限なもののみに絞ることだ。創業社長・新事業プロジェクトリーダーが厳しく絞り込まないと、どうしても仮説検証のためには過大で、本格的なものを開発してしまう。

MVPの機能をどう絞り込むか合意しても、開発者は、「みっともないことはできない」と仮説検証に必要のない機能やデザインまでついつい織り込みがちだからだ。自動で動くリコメンデーション機能の代わりに人が裏側で作業してリコメンデーションを出してもMVPとしては十分だとは到底思いつかず、真面目に開発してしまう。

MVPの機能は、ただ絞り込むだけではなく、もっと激しく割り切る方がよい場合もある。スマートフォンアプリの場合、PC上で代用しても十分なことは多い。アプリではなく、ウェブ上で簡単に表現できるこ

ともある。実際に動くMVPを作ることが大変すぎる場合は、パワーポイント等による紙芝居や、簡単な動画を作って確認すればすむこともある。Dropboxは、技術のアーリーアダプターをターゲットにセンスのよい動画を作成した。話題になり、数十万人がアクセスし、β版の予約が一気に7万5千人となった。

　社長あるいはプロジェクトリーダーと開発者は、MVP開発の着手前に、ねらっている機能のどの部分だけ最小限開発するのか、きっちりと合意しておく。

　リーンスタートアップにおいて「お金をあまりかけない」とか「素早い」というのはあくまで結果であって、本質は、「非常によく考え抜かれ洗練された、確率の高い商品開発プロセス」だと理解するとわかりやすい。そのためには、価値仮説を検証するための必要最小限のMVPを割り切って素早く作り、検証、修正するアプローチを徹底していただきたい。
　日本では、まだ徹底されていないので、アプローチ自体が競争優位性になる。

【 リーンスタートアップ改め、
「超高速仮説構築・検証・修正による商品開発」】

「リーン」な「スタートアップ」ということで「リーンスタートアップ」と呼ばれたが、上記の本質と本当のメリットを考えると、私は少し別の名前で呼ぶ方がいいのではないかと考えている。

リーンスタートアップ改め、**「超高速仮説構築・検証・修正による商品開発」**だ。超高速で仮説を構築し、MVPを開発して検証し、必要に応じてMVPを修正することで仮説を検証し、商品開発を進める。

この方がはるかに本質をとらえており、どう行動すべきか明確に示唆するのではないだろうか。

「リーン」から思い浮かべる「お金をかけない、速くやる、効率的」ということよりは、仮説構築・検証・修正の回転を上げ、極めてスリムで身軽で素早い商品開発を進める方法だ。

企画・開発者にどれほど思い入れがあっても、顧客・ユーザーのニーズは完全にはわからない。むしろ思い入れがある分、客観性を失い、はずしてしまう可能性もある。開発環境やクラウドサービス、API提供等が発展したおかげで、MVPがあっという間にできてしまう今だからこそ、顧客・ユーザーに実際に使ってもらって、自らの仮説を確認することができるぜいたくな時代になった。これを活かさない手はない。

◆リーンスタートアップは大企業でも、個人でも

リーンスタートアップが「超高速仮説構築・検証・修正による商品開発」だとすると、当然ながら、これはITベンチャーに限らず、大企業でも中小企業でも、ソフトウェアでもサービスでも、ハードウェアでもすべて適用できる。

ハードウェアのリーンスタートアップは容易ではなかったが、3D プリンターの普及にともない、物によっては安価でスピーディーな試作ができるようになった。3D データを送ると、小さなものであれば数日で作ってくれる。あるいは、PC と工作が好きな方であれば使いこなせるようなパーソナル 3D プリンターも 10 万円を切る価格で購入できるようになりつつある。

　メーカーズの時代になったと言われるゆえんだ。一定規模以上の企業でなければ扱いづらかったハードウェアがはるかに扱いやすくなった。

　IT ベンチャーもハードウェアとの組み合わせで新たな価値を提供するケースが増えてきている。iPhone のイヤフォンジャックに小さなパーツを差し込むことでクレジットカード決済をできるようにした米スクエア（数千億円以上の決済が実行されている）や、ウェアラブルコントローラ、温度計、レンズをつけて肌の乾燥状況をチェックするサービスなど、無数のトライアルが始まっている。

　個人で活動されておられる方でも、リーンスタートアップは非常に効率・効果の高い、新しい商品開発の手法だ。

　価値仮説、成長仮説を A4 の 1 ページに収まる程度でいいのできっちり考え、仮説を確認するための最小限のテストをし、仮説が違ったらすぐ見直してテストをやり直す（ピボット）。対象は何にでも当てはまる。

- 誰が何で困っているのか？
- それをどうやって解決するのか？
  （困っている人が大喜びするのか？）
- 他の人とどうやって大きな違いを出すのか？

ネイルアート、手芸、フラワーアレンジメント、ヨガ、アロマセラピー、ネットショップ運営、ウェブデザイナーなど、顧客・ユーザーが誰で、どのくらい飛びついてくれそうなのか、リーンスタートアップ式に考えて仮説立案、検証、修正し、超高速でPDCAを回していくのと、行き当たりばったりなのとでは大きな差が生まれる。

　「大きな差」とは、事業が大きく成功するか中ぐらいに成功するかならいいが、実際は、事業が成功するか失敗して借金が残るか、という天地の差になる。一人で事業を始めようとする場合、相談相手が見つけにくく、どうしても仮説構築とその確認が非常に甘くなる。本やチェックリストを見て、見よう見まねでやっても表面をなでて終わることが多い。

　それを防ぐには、メモ書きを普段から続け、思いつくこと、気になることを全部吐き出す習慣を身につけておくことが一番効果的だ。何となく気になることがあっても通常は無視したり、うっかり忘れてしまったりしがちで、特別大きな問題が起きないこともままあるが、事業を立ち上げる際は、そういう部分はほぼ間違いなく悪い結果となる。なので、メモ書きを続け、徹底したリーンスタートアップで事業に取り組んでいただければと思う。

　リーンスタートアップは、私が支援しているベンチャー、大企業で本格的に導入しているが、非常に手応えがあり、やればやるほどノウハウが蓄積している。

　まず、普段の仕事のスピードが上がる。仮説を考える癖が身につくため、初動が速くなるからだ。次に、悩み逡巡し一回りも二回りもして元の結論に戻ってくることが大きく減る。仮説構築・検証・修正のサイクルを回し続けて改善するスタイルが徹底するからだ。さらに、外部ヒア

リングの設定、実施、再設定等が目に見えて速くなる。

　ここまでいくと、日本の伝統芸であったPDCA（Plan、Do、Check、Action）とはひと味もふた味も違うものであり、進化版だと考える方があっている。

　物あまりでヒットが出にくい時代に、あらゆる分野・あらゆる商品の開発に役立つのではないかと考え、わくわくしている。多分、商品開発に留まらない。リーンスタートアップの考え方、アプローチは新しい仕組み、新しい組織を作ることにも応用できそうだ。

3 会社設立と共同創業者

　起業を志す方にとって「これは」という事業計画ができ、リーンスタートアップのアプローチによって製品・サービスの目途が立ったら、後はいつ会社を設立するか、どう設立するかを決めないといけない。

　社内で新事業を立ち上げた場合、「何としてもこのビジネスを成功させたい」と思っても、既存事業からの抵抗で足を引っ張られたり、独立性やイメージの問題で必要な資金・人材を獲得できなかったりすることもある。そういう時、会社側と相談して子会社を設立することもオプションの一つになる。

【　会社設立すべきか？　】

　誰もが起業すればよいというものではない。起業しても皆が成功するわけでは全くない。

　本当にやりたいことが見つかり、これならやれる、やれそうだという事業計画がラフにでもできて、製品・サービスの目途が立ち、一緒にやってくれる人も見つかった場合に初めて起業する方がよい。

特に、現在、一応安定した収入がある場合、あせって退職し、それから何をやろうかと考えるような進め方はしない方がよい。これなら、という事業計画ができ、会社設立のぎりぎりまで収入を確保しておく方が心の余裕もでき、資金的にもよい。

もちろん、思い立ったらいてもたってもいられない、ということで辞表を出すこともないわけではないだろうし、そういう勢いが必要な場合もあるので、一概には言い切れない（どうしても、という方は、その事情と、価値仮説1ページを私 akaba@b-t-partners.com 宛にお送りいただければ、速攻で「いや、思い留まった方がいいのでは？」とか、「素晴らしい！　ぜひ日本を救ってください！」というフィードバックを差し上げる）。

起業は個人の選択で決めるべきだが、判断のベースとしていくつかの条件をあげておきたい。

(1) どうしてもこれをやりたいという大変強い気持ち、湧き上がる熱意がある。熱意には自信がある
(2) これならやれるという説得力のある事業計画ができた
(3) リーンスタートアップでこれならという価値仮説・成長仮説ができた。MVPも目途が立っている
(4) 価値観が合い、意気投合して一緒にやりたいと思える人が起業にコミットしている
(5) 当面の資金が何とか用意できている
(6) 家族も応援してくれている
(7) 社長として人の上に立つことが苦ではない。むしろ立ちたい

このうち、(1)～(4)は必須、(5)(6)もほぼ必須に近い。特に扶

養家族がいる場合、家族の応援は欠かせない。

（7）がもし満たされていない場合、ベンチャー社長としての適任者が共同創業者にいれば特に問題はない。その人に社長を任せればよい。この本をぜひその方に勧めていただきたい。

ただし、事業計画は絶対に社長になる人が書く必要がある。もしその人が書くことが苦手だと言い張り、あなたに事業計画を書くことを要求しているとしたら、そういう人とはやめた方がよい。

この本で勧めているような「事業計画」は、問題把握・解決力と熱意があれば、誰にでもできることだからだ。あれこれ言ってこの本でいう「事業計画」すら書かない人は、問題把握・解決力か熱意かどちらか（あるいは両方）に問題がある。

（7）が満たされておらず、かつベンチャー社長としての適任者が共同創業者にいない時、非常につらいことになる。

起業は誰にでもできるが、失敗の確率が高いし、リスクを取って入社した社員にとってかなり迷惑な話なので、やめた方がよい。

人、組織に関してあきらかに不得手な社長の場合は、人の採用もままならず、事業も立ち上がらず、早々に会社をたたむことにもなりうる。シリコンバレーなどで、起業後、優秀な社長を雇って任せるという話を聞いたことがあるかもしれないが、日本の場合はそういう社長候補を見つけるのは至難の業だ。ベンチャー社長を引き受けるくらいなら自分でやる、という人の方がまだまだ多い。

日本で起業が増えることはもちろん望ましいし、適者生存は社会的には資源再配分が行われるのでよいと言えなくもないが、直接的に被害を受ける社員、辛い目に遭う家族のことを考えると、本当に自分が起業す

べきかどうか、起業しても社長をやるべきかどうか、慎重に考える必要がある。

◆**社長のスキルを身につけたい人のメモ書き**

ただ、どう考えても絶好の機会があり、サービスを開発できるエンジニア等も揃っており、どうしてもやりたい、でも社長をやってくれる人が見つからない、という場合、社長としてのスキルを本気で身につける覚悟があれば、前述のメモ書きをやってほしい。

Ａ４横置きで左上にタイトルを書き、1ページに4〜6行、各行に25〜30字を1ページ1分で書き、毎日10〜20ページ続けていただくと、1か月もしないうちに不安や心の迷いをかなり整理できるようになる。

そうすると、人の上に立つ苦手意識がかなり減り、社長として人を活かすことが比較的うまくできるようになる。リーダーシップも発揮しやすくなるので、ぜひ本気でメモ書きをやってほしい。

通常は毎日10ページ程度でよいが、課題を早く克服したい方は毎日20ページ書くとよい。

特に書いていただきたいメモのタイトルは下記のようなものだ。

- ・社長としてチームをリードするためには何を気をつけるべきか？
- ・社長の役割は？
- ・社長と部長の違いは何なのか？
- ・社長がすべき決断は？
- ・社長としてどういう決断をすべきか？
- ・社長としてまずすべきことは何か？
- ・優れた社長は誰か？　どこが優れているか？

> ・優れていない社長は誰か？　どこが問題なのか？
> ・部下に指示をすることがなぜ苦手なのか？
> ・部下への指示がいつから苦手になったのか？　きっかけは？
> ・どういう時は部下にうまく指示できたか？
> ・誰に対してはうまく指示できるか？
> ・どういう時に部下にうまく指示できなかったか？
> ・うまくできる時とできない時の違いは何か？
> ・部下をうまくリードし、大きな成果を出せていた人は誰か？
> ・その人は部下・組織を動かす上で何に気をつけ、工夫していると思うか？

　毎日、思いついたタイトル、何となく浮かぶタイトルを気にせずどんどん吐き出していけば、1か月後にはだいぶ違う自分を発見されるはずだ。

【　会社設立時に決めるべきこと　】

　上の条件も満たし、いよいよ起業することになったら、いくつか決める必要がある。

> (1) 商号（会社名。英文表記も）
> (2) 本店所在地（本社の場所）
> (3) 事業目的
> (4) 資本金
> (5) 代表取締役、取締役
> (6) 発起人

　これ以外にもこまごまあるが、経験ある司法書士に依頼すると、書類準備や登記等を素早くしてくれるのでお勧めだ。費用が数万円かかるが、

創業前・創業初期には事業の立ち上げに社長が集中した方がよいと考えている。

もちろん、ネット上に多くの情報があるので、費用を最小限にする場合は自分でも可能だ。

(1) 商号（会社名。英文表記も）

社名を決める上で参考になるウェブ記事がいろいろあるのでそちらを参照していただきたいが、私としては、以下をお勧めしている。

① 覚えやすく
② 語呂もよく（言いづらくないこと）
③ サービス内容を想像できるものか、全く関係のない名前かどちらか
④ サービス名と社名は極力同一（2つの名前を広めるのは大変）
⑤ 社長がわくわくする名前（思い入れが大切）
⑥ 同じ名前、よく似た名前の会社があまりなく（Google で検索して確認）
⑦ 海外市場も意識している場合は、少なくとも英語表記が適切なもの（ネイティブの人に確認）

(2) 本店所在地（本社の場所）

本社の場所は、最初からある程度資金が潤沢な場合は、比較的安価なオフィスを借りる。例えば東京の渋谷駅周辺には多数のベンチャーが集まっており、駅から徒歩7〜8分でそこそこのオフィスを借りることが可能だ（もちろん、建物は相当古いが）。

その余裕がない場合、あるいはチームがまだ揃っていない場合などには、シェアオフィスや社長の自宅を仮のオフィスとすることが一般的だ。シェアオフィスは、ここ数年非常に多く設立されており、安価で手軽な

点がメリットで、しかも他の新進ベンチャー社長、エンジニア、デザイナー等も多く、仲間作りにはかなり効果的な場所になっている。

急成長ベンチャーは、人員拡大のため、1年〜1年半ほどで引っ越すことが通常行われている。したがって、本店所在地はある程度柔軟に考えても特に問題はない。

(3) 事業目的

会社設立時に作成する定款に事業目的を記載する。その際、設立時点で考えている事業だけではなく、関連し得る周辺事業についても記載しておく。

例えば英語スピーキング練習用アプリの例で言えば、英語学習システムの企画・開発・販売だけではなく、英語教材の企画・開発・販売、英語習得に関する各種データの販売、ユーザーの興味・関心に関わる各種マーケティングデータの販売、これらに関わる広告配信、コンサルティング等などになる。

記載しておかないと、事業を拡大、あるいはピボットしようとするたびに定款を変更登記する必要が出て煩雑になるため、なるべく広く記載する。

(4) 資本金

これらについては、後述する。

(5) 代表取締役、取締役

代表取締役は、会社を代表する権限を有する取締役で、単独で会社を代表して契約等を行うことができる。一般的には、いわゆる社長となる。

代表取締役を含む取締役は、取締役会設置会社の場合は3名以上、取締役非設置会社の場合は、1名以上となる。VC等からの資金調達を考

えている場合は、多くの場合、取締役会設置会社にすることが必要になる。当面資金調達を予定しておらず、取締役の適任者が3名いない場合は、いったん取締役非設置会社として設立し、後で必要に応じて変更すればよい。

　取締役は、代表取締役が創業チームの中で特に信頼し、会社経営に関わる知見と資質を持ったメンバーを選ぶ。開発で多大な貢献をするとか、営業力が非常に強いといった業務への信頼感に加え、あくまで会社経営に関わる知見と資質を持っていることが大前提となる。その点を考えずに安易に取締役に選ぶと、取締役会の運営が非常に大変なことになる。会社経営の視点から発言し意思決定をしようとする代表取締役社長と、部門の利益代表あるいは労組代表と勘違いをした取締役とで毎回不毛な議論が生じるからだ。

　創業チームが4～5名で、全員出資をしている場合、その全員が取締役になることが時々見られる。しかし、「船頭多くして船山に上る」という状況になる恐れがあるので、会社経営と個別事情に詳しい先輩社長によく相談してから決定していただきたい。
　社長の持株比率が過半だったとしても、そういった共同創業者・取締役は社長を必ずしも尊重せず、自分だけの視点で物事を進めがちになり、余計な争いを生じることがある。絶対にだめということは全くないが、社長としては相当にやりにくい会社になる。

　ところで、いわゆる「社長」、「副社長」などの肩書きは、会社が定める職制に基づく名称であり、会社法の規定ではない。
　第三者に対して会社を代表するとともに、会社内部では業務執行の最高責任者となる。起業した場合、代表取締役社長になるのが、会社法上も、社内職制上も一般的である。

(6) 発起人

発起人とは、会社を設立する際に、定款の作成、株主の募集と株式の割当、株式の払い込みなど、企画から事務手続きまで行い、定款に署名する。通常は、創業社長や設立時の役員が発起人を兼ねる。

【　共同創業者の確保　】

共同創業者は、創業後の数年は家族同様になる。ベンチャーにおいては、毎朝8, 9時から夜10時や零時くらいまで、土日もほとんどない状況でがむしゃらに仕事することも決して珍しくない。そうなると、夫や妻よりも長い時間を一緒に過ごすことになる。

しかも創業初期は大きなオフィスを借りることはあまり現実的ではないので、外出以外は小さな部屋で時間を過ごす。食事も毎日2回以上一緒になることが多い。

よほど意気投合し、価値観やワークスタイルの近い人とでなければ、到底やっていけない。結婚と同じで共同創業してみなければわからないことも多いが、少なくとも真剣に探し、その人とずっと一緒にやっていけるのか本気で考え、決心するまで最善を尽くす必要がある。

米国ではGoogleやFacebookなど、同級生と起業したケースが結構多い。あるいは、ペイパル、Google、Facebook、Twitter等、上場や売却後に同僚と起業するケースも多く見られる。

普段からよく知っているので、一緒に起業しようという話になりやすいし、何が得意で何は不得意だという理解もあり、比較的うまくいきやすい（もちろん、起業後の仲間割れはどこの国にもあるが）。

◆共同創業者は1〜2人

なお個人的には**一緒に起業する仲間は2〜3人**がよいと考えている。

4人以上で共同創業すると、メンバー間でやや友達感覚が強くなり、その後入社する社員とのギャップが埋まりにくい上、社長の持株比率を高くすることが難しいからだ。

もちろん合意のもと、社長の持株比率を高くすることは可能であるが、他のメンバーが対等意識を強く持っている場合は、それが理由で不満を持つことにもなりがちだ。

社長が社長の責任を果たそうと厳しいことを言うと、他の3人あるいは4人が「まあまあ。そんなに言わなくても、何とかなるさ」的な発言をしがちで、社長が浮いたり、結局やるべきことを実行に移せなかったりするケースを何度も見てきた。

共同創業者は全員同時期に会社を辞め、会社設立時から揃って参加すべきかというと、そういうわけでもない。事業を成功させる上で非常に重要な技術者あるいは営業責任者が元の会社のプロジェクト等の関係で数か月遅れて参加することもままある。本当は全員揃うのを待ってもよいが、先に始めて準備をしておく方がよい場合もあるので、一概には言えない。

ただ気をつけるべきことは、このやり方は別居結婚や遠距離恋愛のようなもので、明確に合意し、ミーティングへの参加の仕方・頻度・時間、コミュニケーションの頻度・時間・内容等をきちんと決めておかないと、つまらないことですれ違いを生じ、せっかくの共同創業がふいになりがちだ。

「問題点がわかってよかった、そういうことだったら共同創業しなくてよかった」という場合はいい。ただ、本当はうまくいく可能性が十分あったのに、巡り合わせが悪く、コミュニケーションの悪循環が起きてぶつかってしまった、というのでは、あまりにもったいない。

4 資本金の確保と資金調達の可能性

　会社設立にあたっては、当面の運営を支える一定額の資本金を用意することが必要だ。以前、株式会社を設立するには最低1000万円が必要であったが、今はその規制が撤廃されたためいくらでも設立できる。

　ただ、事業を立ち上げるまでの資金があまりに少ないと、「絶対にこの製品・サービスを作って世の中の人に貢献したい」という強い想いがあったのにやむにやまれず受託開発に走って自社製品に注力できなくなったり、あせって納得しないまま販売を開始して評判を落とし悪循環に陥ったりするので、ある程度の確保が望ましい。

【 用意すべき資本金の額 】

　事業の内容により千差万別ではあるが、数名で事業を立ち上げる場合、一般的には**200〜300万円程度**でも資本金として用意できるのであれば当座動けるし、500万円程度あるともう少し安心できる。
　多いに越したことはないが、事業の性質、メンバーの経験等によっても大きく変わる。

ただし、この程度の資本金の場合、創業者が毎月報酬を受け取ると資金があっという間になくなってしまう。売上が上がり、ある程度資金繰りの目途が立つまでの**半年分程度の生活費は別途用意しておく**ことが必要になる。始めると想定外のことも多いので、1年くらいは何とか持つようにしてあると、落ち着いて取り組むことができる。

　その余裕がない場合、今勤めている会社があるならば、さっさと辞めてしまうのではなく、週末、夜などを利用して事業の目途が立つことをある程度以上確認してから辞める方が成功率もぐんと上がるし、資金的にも余裕が出る。

　すでにしばらく前に退職・離職して逼迫している場合、資本金数十万円でも躊躇せず、がむしゃらに始めるしかないこともある。「成功するまで続ければ失敗することはない」という言葉通り、くじけずにやり続けることは立派であるが、背に腹は代えられない状況に陥っては、元も子もない。少なくともこの本の読者の方々は、もし起業するならば、少しでも多く資本金を確保し（親兄弟・親戚から借金することも現実的には多く見られる）、出費を抑えて全速力でリーンスタートアップ的に動いていただきたい。

　学生が起業する場合、資本金10〜50万円で始めることが多く見られる。生活費がそれほど多くかかるわけではないので、やむを得ないと考えている。アルバイトをいくらしても多額の貯金にはなりにくいし、そうこうしているうちに事業としてのタイミングを失うこともあるので、自分が今だ！と思うのであればやってみればよい。ただ、事業計画の検討は費用がかかることではないので、短期間に徹底的に検討し、かつリーンスタートアップ的アプローチで製品・サービスの目途をつけてからのことだが。

【　創業融資制度　】

　エンジェルやＶＣからの資金調達については、⑫資本政策の項で述べたが、ほかに資金確保上、お勧めしたい制度がある。

　日本政策金融公庫の制度の一つに、一定の条件を満たすと自己資金（資本金と創業者個人口座の合計額）の２倍まで（ただし、上限は1500万円）を無担保無保証で融資してくれるものがある。例えば、資本金500万円、創業者個人口座250万円の合計で750万円用意すると、最大1500万円までの融資を受けられるので、創業時の資金としては2000万円確保できることになる。
　無担保無保証というのは、融資を受ける際に持ち家等の資産がなくてもいいし、あっても担保に差し出さなくてよい上、もし事業が失敗しても借りたお金を返済しなくてよい、という借りる側から見ると夢のような制度だ。
　年齢が若い、高齢、女性の場合は、より融資を受けやすい制度もある。

　一般的に、担保がない（借金のかたに提供できるような資産を持っていない）場合は高利貸し以外の融資を受けることが非常に難しい（当然ながら、事業に対して高利貸しは絶対に使ってはならない）。
　銀行は、事業が確立し返済の目途が十分見えるまでは、ほぼ貸してくれない。資金繰りの目途が立ち、返済能力が確実な状況になって初めて融資をしてくれる。これに関して憤る社長は非常に多いが、銀行という業種はそういうものなので、お門違いだ。
　こういう背景があるので、この日本政策金融公庫の制度はぜひとも活用したいものだ。

　あてがはずれないよう、お近くの日本政策金融公庫の支店に事前に相

談しておくとよい。事業の内容やアプローチが何らかの理由で対象とならず、後で後やむことのないようにだ。

ちなみに、日本政策金融公庫は、会社の本社所在地を管轄する支店でなくてもどこに行っても構わない。日本政策金融公庫に懇意にしている税理士、公認会計士等の支援を受けている場合は、お勧めの支店・お勧めの担当者にアプローチするとよい。そうでなければ、自分にとって比較的便利な場所にある支店にアプローチすればよい。また、2、3の支店に電話して質問すれば、より理解しやすい、納得しやすい説明を受けることもある。

なお、日本政策金融公庫以外にも、例えば都、県、区などで創業融資制度を作っているところも多いので、ぜひ地元で調べていただきたい。日本政策金融公庫以上に創業者にとって有利な制度の場合もある（利子補てん等）。

5

ベンチャーの経営

　創業後、本当のチャレンジが始まる。
　ベンチャーを創業することは誰にでもできるが、事業計画通り、あるいは事業計画から大きく乖離してもよいが、ともかく事業を立ち上げ、利益を上げることができるようになる社長は到底3〜5人に一人もいないのが実態だ。

　本書で説明したような形で1週間で事業計画第1版を作成するというプロセス自体がフィルターになっていると思うが、それの何倍も何十倍ものチャレンジが最低2年程度は続くと覚悟しておいた方がよい。

　本当にやりたいことをやっていれば、大変だがほとんど苦ではない。必ず成功するとはとても言えないが、社長が真剣な努力を続け、顧客の声に心より耳を傾け、社内外の人の話をまともに聞いて最善の手を打ち続ければ、かなりの確率で成功する。成功を引き寄せることができる。努力の程度が神を呼ぶ。

　一方、中途半端な気持ちで始めると、途中で辛くなるし、ものすごい苦

労に感じるし、途中で投げ出したくなる。部下にも投資家にも迷惑をかける。家族には一番の迷惑をかける。

創業前に改めて、下記を問いたい。

- この事業を本当にやりたいのか？
- どうしてもやりたいのか？
- 使命感を持って全力投球でやりたいのか？

全部YESなら前に進んでいただきたい。

ベンチャー創業後徹底的に実行すべきことは、

(1) 最速での製品・サービス開発
(2) 初期の顧客・ユーザー獲得
(3) より本格的なマーケティング
(4) それ以外のアクションプランの実行
(5) 週次・月次での進捗管理
(6) 収入の確保
(7) 必要に応じた人材確保・体制強化
(8) 状況に応じた事業計画の見直し
(9) 事業提携の推進
(10) 一層の飛躍のための資金調達

となる。一つひとつ見ていこう。

(1) 最速での製品・サービス開発

　創業後、何はともあれ製品・サービスの開発を最速で進めないといけない。リーンスタートアップで説明したように、価値仮説・成長仮説を立て、MVPを最短で企画・開発し、仮説が満足いくレベルで検証されるまでピボットを繰り返していく必要がある。

　その間の社長や創業チームの身のこなしは、大きな獲物を追い詰めていくライオンのチームの狩りと同じだ。複数のメスがチームで獲物をダイナミックに捕らえる。
　それぞれの役割を明確にし、もっとも効果的、効率的なやり方でこれならという製品・サービスを開発していく。無駄なお金は使えない。無駄な時間も浪費できない。

「スティーブ・ジョブズはユーザーの声など聞かなかった」「ユーザーは本当にほしいものをわかっていない」などと言う人が時々いるかもしれないが、これには少し注意が必要だ。
　もちろん正しい面もある。ただ、スティーブ・ジョブズほどセンスがあればいいが多くの人は決してそうではない。また、彼のように優秀なスタッフで周りを固めることもできない。
　普通の人間には、やはりユーザーの声を真剣に聞き、ユーザーの行動を観察して、解決すべき課題と彼らの本当の悩みを理解することが絶対必要だと考えている。訳知り顔の他人のセリフに惑わされない方がよい。

　これから事業を始める、だからこの本を読んでいる、という方は、まずは基本に忠実に顧客・ユーザーの深刻なニーズを把握し、顧客・ユーザーの声をきちんと聞きつつ、「最速での製品・サービス開発」を進めていただきたい。

(2) 初期の顧客・ユーザー獲得

　事業・ベンチャーの順調な立ち上がりは、初期の顧客・ユーザー獲得にかかっている。どんなに高邁な理想を持って起業しても、早めに顧客・ユーザーが獲得できないと、だんだんチームの気分が暗くなり、エネルギーが落ち、悪循環が始まってしまう。

　社長は楽天的なことが比較的多いし、またそうでないととても務まらないが、メンバーは中々そうはいかない。成果が出ないと徐々に気落ちしてくる。

　ところが、早めに顧客・ユーザーを獲得できると、チームの雰囲気は劇的に変わる。あらゆる手段を使って、何としても早期に獲得すべきである。

　顧客・ユーザーを獲得し、価値仮説を確認できるまでには、MVPを何度も作り直す必要がある。PDCAを超高速で回し、がむしゃらにやらないと成果にはつながらない。お金を払ってくれる顧客、毎日使い続けてくれるユーザーが見つかって初めて、仮説の検証ができる。

　初期に獲得できる顧客・ユーザーのことをマーケティング用語で「アーリーアダプター」と呼ぶ。新しいものにすぐ飛びついてくれるありがたい層だ。
　ターゲット顧客・ユーザーのうち、アーリーアダプターがどんな人たちかを考えてアプローチすることで、事業としてのきっかけが生まれる。そして、そのアーリーアダプター層の定着、アーリーアダプター層以外への水平展開を図ることで、事業の拡大方向が見えてくる。

(3) より本格的なマーケティング

早期に顧客・ユーザーが獲得できて仮説が検証できた後、本格的なマーケティングを始める。マーケティングとはこの場合、「効果的に顧客・ユーザーを獲得するためのアプローチ立案と実施」のことだ。

英語スピーキング練習用アプリの例で言えば、コンテンツマーケティングを徹底的に行う。

コンテンツマーケティングとは、この数年広がってきた新しいマーケティングの考え方で、別名インバウンドマーケティングともいう。

ターゲット顧客・ユーザーの関心に対してあまり配慮せず一方的に発信していた従来型のアウトバウンドマーケティングに対する言葉で、ターゲット顧客・ユーザーの関心に強くアピールすることで心をとらえるマーケティングを指す。具体的には下記のような方法がある。

・ターゲット顧客・ユーザーが深い関心を持っている分野で良質のブログ記事を次々に書く。

ブログ記事は自分でも書くが、クラウドワークス、ランサーズ等のクラウドソーシングを使い、2000字程度を1記事500〜800円程度で書いていただくことができる（適切な指示と細かい工夫が必要。テーマによってはもう少し単価が上がる。ブログの字数は1500字を切ると少し短い感じになる。4000字程度だとかなり読み応えが出てくる）。ただし、タイトル、小見出し等、かなりきめ細かいガイダンスが必要で、投げっぱなしでは、効果的なコンテンツマーケティングは実現できない

・ブログ記事は、その都度、Facebook ページ（Facebook 内での企業 HP ページ）に投稿する。

ファンが思わず共有したくなるようなタイトル、記事の内容、画像等

をうまく使う。ファンの「シェア」、「いいね！」、「リーチ」が重要で、常にモニターし、改善し続ける。

・Facebook ページには、ブログ記事以外の親しみやすい投稿をすることでファンとのやり取りをさらに深める。

　ファンの投稿が増えれば、Facebook 上でアクティブなファンと見なされ、その後の投稿が Facebook のタイムラインにより多く表示されるようになり、影響力を増すことができる。

・ブログ記事は Facebook ページと並行して Twitter にも投稿し、フォロワーを一人でも多く獲得する。

　ツイートは、RT（リツイート）されやすいように内容、文面を工夫し続ける。また、ブログ記事以外のちょっとした親しみやすいツイートをすると、フォロワーを増やしていくことができる。

・Facebook ページへのファンの積極的獲得には、対象者の Facebook ウォールに広告を表示することができる。

　表示は、年齢、地域、キーワードなど、かなり細かく条件を指定できる。それにより、ターゲット顧客・ユーザーにできるだけ近い形に絞りこむこと。一人あたり送客単価（Facebook ページへの送客）が最低になるように最適な広告を作成すると、百数十円から 1/5 〜 1/10 以下に落とすことができる。

・ブログへのビジターは、Facebook ページに誘導し、多数の投稿や親しみやすいやり取りでファンになっていただく。

　それ以降の投稿を Facebook でシェアしたりコメントをつけていただくことで、さらにファンを広げていく。

・ファンのアドレスを収集しメールで直接情報提供する。

　ファンには追加情報の提供などと交換でメールアドレスを入力していただき、その後は定期的にメーリングリストやメールマガジンでニュース、記事等を配信する中で顧客・ユーザーの心をさらにつかんでいく。

　例えば、英語スピーキングに関心のある顧客・ユーザーへのコンテンツマーケティングの場合、

> - どうやったら英語を話すことができるようになるのか？
> - どうやったら、ネイティブに近いイントネーション、発音で話せるようになるのか？
> - どうやったらＲとＬの発音をきれいにできるようになるか？
> - どうやったら、ＲとＬの発音を聞き取れるようになるか？
> - どうやったら、スピーキングに必要な単語力をつけられるか？
> - どうやったら、英語の会話を楽しむのに必要な常識を身につけられるか？
> - どうやったら、英語での交渉をスムーズに進めることができるのか？
> - どうやったら、英語ミーティングのファシリテーションを効果的に進められるか？
> - アメリカ人、ヨーロッパ人、アジア人のコミュニケーションの違いは？
> - 英語で話すと世界がどう広がるか？

などの記事を多数発信することで記事を読んでいただき、強い関心を引いてファンを作っていく。

(4) それ以外のアクションプランの実行

マーケティング活動以外に重要なアクションプランと言えば、

英語スピーキング練習アプリの場合、以下が考えられる。

① ユーザー獲得イベントの企画・実行
② 英語教師の獲得とトレーニング、マニュアル整備
③ ユーザー向けオンラインマニュアルの企画・制作
④ (必要に応じ) 英会話スクール等とのコラボレーション促進
⑤ (必要に応じ) 教室の確保

タクシー予約アプリの場合はこんなものがある。

① タクシー会社との提携促進
② (必要に応じ) タクシー利用の多い企業の総務部への営業

つけ爪ECサロンの場合、

① 型取りの粘土の素材比較、調達
② 粘土の配送方法の検討、決定
③ 型取りをした粘土から顧客ごとの最適サイズ・形状のつけ爪パラメータを作成
④ 月2回、顧客タイプごとに毎回5種類のデザインを制作するデザイン体制の整備
⑤ つけ爪生産体制の整備

などとなる。

(5) 週次・月次での進捗管理

　ベンチャーでも企業内新事業でも、決定したアクションプランに対して、週次・月次での進捗管理が重要である。いつまでにどこまで実行するというターゲットに対して週次・月次で確認していかないと、ほぼ必ず日程がずるずると延びていく。

　チームに複数人いれば必ず必要であるし、自分一人の場合も、規律として進捗管理をすることを強くお勧めしたい。

　確認すべき内容は

> ① アクションプランで設定した予定通り進捗しているか？
> ② 進んでいない場合、障害は何か？
> ③ 障害をどう克服、あるいは迂回できるか？
> ④ 遅れをどう取り戻すか？　あるいは最悪、計画そのものをいつ見直すか？

などとなる。

　当初のアクションプランはよほどのことがない限り見直さず、決めたプランは何があっても実行する、他のやり方で挽回し帳尻を合わせるという習慣、価値観、行動規範を植え付けておきたい。

(6) 収入の確保

　創業後、一日も早く売上を上げ、収入を確保することがその後の健全な成長に大きく影響する。目先の売上を上げるのではなく、より大きなチャンスをねらうべきという考え方もあり、投資家もそのように強く勧めることがあるが、チームの士気向上のためには、収入の確保が想像以上に好影響を与える。

> 英語スピーキング練習アプリの場合であれば、ユーザーからの月額会費、プレミアム会費、アイテム購入、広告収入等になる。

> タクシー予約アプリであれば、ユーザーからの月額会費、タクシー会社からの法人会費、タクシーからの登録料、広告収入等になる。

> つけ爪 EC サロンであれば、ユーザーからの月額会費、プレミアム会費、物販、広告収入等になる。

　一つ注意しておくべき点は、自社サービス、自社アプリを出すために創業したものの、鳴かず飛ばずで受託開発会社に陥ってしまうことがあることだ。

　いったん他社のために開発をし始めると、いったんは経営が安定するのでそのまま安住しがちになる。数え切れないほどの会社が創業の趣旨に反して受託開発会社となり、二度と自社サービス、自社アプリを出せなくなっている。

(7) 必要に応じた人材確保・体制強化

　顧客・ユーザーが増え、売上が上がり始めたら、事業の急拡大のため、人材の確保・体制強化が必要になる。ここまでいけたら非常にラッキーだ。企業の存在意義を顧客・ユーザーに一応認められ、創業後の第一の関門を越えたことになる。

　ただ、いざ人を採用しようとしても、いくつか課題がある。
① 一般の募集広告は数十万円と高価な上に、必ずしもいい人が集まってこない
② もっと安価な募集広告だと、それ以上に応募が少なかったり、質が落ちる

③ 社長のビジョンがそこまで魅力的でなかったり、うまくアピールできないため勧誘できない
④ いい人が見つかっても給与・待遇面で折り合いがつかない
⑤ 大企業では優秀と思われる人も、ベンチャーのスピード感、価値観を十分理解しない
⑥ うまく採用できても、オフィスも満足にない環境で早々に嫌気がさして退職する

などだ。したがって、ベンチャー社長は優秀な人を一人でも多く確保するため、普段からネットワークを広げ、飽かずたゆまず人探しをし続けなければならない。

　また、うまく採用できても決して安心することなく、モチベーションが高いか、やる気を削ぐようなことはないか、最大限活躍できているか、など注意をし続ける必要がある。

(8) 状況に応じた事業計画の見直し

　創業前、創業時に作成した事業計画は、実際に始めるとどんどん状況が変わってくる。それを適宜見直す必要がある。事業ビジョンはよほどのことがない限り変更しない方がいいが、アクションレベルで実態に合わせて修正が必要になる。

　英語スピーキング練習アプリであれば、B2B向けのサービスとして始めたものの、企業顧客が英語教育ニーズを予想していたほど感じていなかったとか、予算消化サイクルとの関係でタイミングが合わないとかがあり得る。

　その結果、顧客開拓が想定より難しいことがやってみて初めてわかる一方で、実際に使ったユーザーの評判が非常によく、意外に口コミも広がりやすいことがわかったとする。

そういう場合、ある程度慎重な議論をしてからの方向転換も必要だ。

また、スピーキングの練習をネイティブの英語音読に合わせたシャドーイングで実施する予定が、いざアプリ実装してみると、もっとよい方法が見つかることもある。

タクシー予約アプリの場合、最初は首都圏から始める予定が、タクシー数の少ない「地方の夜間ニーズ」の方が強いことがわかり、全国展開の順番を大きく見直したりすることもある。

価格設定を当初の予定から大きく変更することもある。また、想定より多くのタクシー会社との協業が可能になり、それに合わせたビジネスモデルに変更することもある。

つけ爪ECサロンの場合、事業開始後、評判がよく想定以上の伸びをした結果、競争相手が数社出てきたため、第2ステップへの転換時期を早める決断をすることもある。もっと小さな意思決定を多数することは避けられない。

最初に立てた目標を安易に変更することは絶対に避けるべきだが、目の前に大きな障害が出現したり、大きな事業機会が新たに見えてきた場合、当初の事業計画を見直すことは重要になる。

創業社長一人だと、どうしても客観的に見ることが難しくなるので、共同創業者や、他の経営チームあるいはエンジェル投資家、先輩社長に早めに相談し、思い切って方向転換していく。

(9) 事業提携の推進

　事業提携の推進は、事業計画の重要な骨子になっている。サービス・製品の開発と並行して、確実に提携を進めていかないといけない。

　大企業との提携交渉に慣れている人は希で、最初は誰もおっかなびっくり取り組むことになる。有名企業の課長に会えて話を聞いてもらえただけで大喜びすることになる。

　ところが、ここに大きな危険がある。大企業側では、似たような話は無数に聞いている。ただ、今回の話も何かあるといけないので、一応聞くようにしている、というのがかなり実態に近い。真面目に応対して空振りした、という痛い経験も結構積んでいるからだ。

　また、大企業の課長の上には部長がいるし、次は本部長がいて、その上に取締役も、またその上には副社長がいて、ようやく社長に会えたと思ったら、実際の決定権者は代表取締役会長だったりする。

　大企業と提携交渉をする際は、誰が意思決定者なのか、そこに行き着くまでどういうステップを踏むべきなのか、意思決定者を動かせるキーパーソンは誰なのか、そのキーパーソンにはどうやって会い味方にすべきなのか、どこは自分たちの努力でカバーでき、どこからは相手に任せるしかないのか、そういったことをしっかりと理解する必要がある。

　これは、その気になればそれほど、難しいことではない。上記のような構造が大企業にあることを知り、それを前提にコミュニケーションを進めていくだけのことだ。うまくいかないとしたら、こういう階層構造に対しての嫌悪感から途中で投げやりになったり、間違った相手に一生懸命アプローチし過ぎたり、実際は可能性の低い会社にいつまでも執着

したりすることだ。後から振り返れば、多分、自分の間違いに気づく。ということは、それが現在進行中であっても、大企業との交渉はそこら中が地雷だらけだとわかって歩くことで、それなりの成果を引き出すことができる。

一番まずいのは、期待しすぎて、無駄にエネルギーと時間を投入してしまうことだ。それだけは絶対に避けよう。避けるためには、例えば係長に二度会ったら、上司の課長とのミーティングを依頼し、課長にも一、二度会ったら上司の部長とのミーティングを依頼することだ。話は比較的弾んでいるのに上司に会わせてくれない時は、要注意だ。本人が上司に会わせる力がないか、あくまで情報収集を目的として、それ以上前に進める気がないのに会い続けているだけだ。

(10) 一層の飛躍のための資金調達

事業を立ち上げ、売上も上がって業容を拡大できる状況になった時、より本格的な開発をするため、あるいは販売体制を強化するため、あるいは米国・アジアに開発・営業拠点を設けるため、あるいは特許申請を広範囲にするため、資金調達が必要になる。

売上・利益も比較的順調に伸びており、ベンチャーキャピタルあるいは事業会社が出資をしたいと前向きに検討を進めてくれる。あるいは、日本政策金融公庫や銀行、信用金庫等からかなりまとまった額の事業資金の融資を受けることができるようになる。

半年先までの資金繰りをしつつ、アクセルを目一杯踏むために、出資あるいは融資での資金調達を早め早めに進めることが社長にとっての最重要ミッションの一つになる。

6

企業内の新事業創出

　創業ではなく、企業内で新事業を立ち上げる際は、金銭的な深刻度ははるかに低いが、別の難しさがある。
　プロジェクトリーダーもメンバーもサラリーマンであり、雇用が保障されているので、命がけ、背水の陣で事業構築に取り組むことがほぼ不可能なことだ。

　上司の目は気になる。新事業を成功させなければ、もしかしたらいづらくなるかもしれない。そう思っても、私財をなげうって後がないベンチャー創業よりは、はるかに全力を出すことが難しい。

　ベンチャー創業の場合は、24時間365日体制で全力投球することが十分あり得るが、企業内での新事業立ち上げは、そうはいかない。
　残業をしづらかったり、残業代・休日出勤という概念がそもそも24時間365日体制とは合わなかったり、家族・親戚も「なんでそんなに一生懸命やらないといけないの？　その会社大丈夫なの？」と水を差したりしがちだ。

また、これまでやったことがないほど頑張り続けたとして、新事業の場合、すぐさま成果が出るとは全く限らない。

ところが、既存事業の仲間がその状況を見て「ふん、やっぱりな。金食い虫め」などと口に出したり、鼻で笑ったり、ちょっと目配せしただけで、企業内の新事業チームのメンバーは脱力感に襲われると思う。これは決して根性がないとか、甘えているとかいうこととは全く違う根本的な問題だ。

企業内で新事業を立ち上げる際に徹底的に実行すべきことは、前項で述べた（1）〜（10）に準じる内容に加え、数点ある。
ここからは、企業の社長あるいは新事業担当役員にもしっかりと読んでいただきたい。

(1) 社内でベストメンバーあるいはそれに準じるメンバーでチームを構成する
(2) メンバーが絶対にやりたいとコミットできるテーマを選定する
(3) 既存の意思決定プロセスを極力省略して動くことができるよう、社長直轄にする
(4) 既存事業からの冷たい視線を浴びない環境を構築する
(5) 提携交渉等は、法務部依存ではなくプロジェクトリーダーがコントロールする
(6) プロジェクトのKPIは既存事業と全く違うものを設定、合意する
(7) プロジェクトが失敗しても正当な理由があればキャリアに傷がつかないようにする

一つひとつ見て行こう。

(1) 社内でベストメンバーあるいはそれに準じるメンバーでチームを構成する

　社内で新事業を立ち上げる際、余っている人材、No.3以下の人材を投入することが非常に多い。それで新事業が成功することはまずないと言っていい。というか、余剰人材を投入した段階で、社長が本気で新事業を成功させようとは思っていないことが明らかだ。

　既存事業よりもあらゆる意味で難易度が高い新事業であり、会社の将来を託すべき状況なので、社内でのベストメンバー、あるいはそれに準じるメンバーを投入し、動ける体制を作り、さらに全力で支援して初めて、数あるプロジェクトの一つが成功する。

　ベストメンバーを入れないことで、社長はこのプロジェクトに本気で取り組んでいないことを社内全体に白状しているようなものだ。それに気づいていない社長があまりにも多すぎる。気づいていても、事業本部長、事業部長の抗議に負けずに説得してエースを出させる、ということが中々できない。

(2) メンバーが絶対にやりたいとコミットできるテーマを選定する

　従来、プロジェクトテーマありきで、その後、誰にやらせるか議論し、ちょうど手の空いている人材をアサインして始めるケースが比較的多かったと思われる。これには大きく2つの問題がある。

　第一に、そのやり方では、社内で最もできる人材を投入するのではなく、手の空いている人材に任せてしまうことになり、推進力不足になりがちである。社長がこの新事業に本気で取り組んでいない、という重大なメッセージを発信することにもなる。

　つなぎで誰かにやらせ、最優秀人材が空いた時に追加で投入するとい

うやり方もあり得るが、最優秀人材を既存事業から外してアサインするという判断にはほぼ至らない上、途中からの投入でやる気にも影響が出る。また、投入までの間、進み方が遅かったり、間違った方向に進んだりする。

　第二に、本人が強い熱意を持ちぜひとも実現したいと考えていることではなく、仕事だからとアサインされることで、ベンチャーと大きな差が生まれる。大役を仰せつかって本人はその気のつもりでも、与えられた仕事として取り組んでいる段階で、投入のエネルギーが限られてしまう。

　残業代が制限されるとか、休日出勤が月何日までとか、休出したら振替日に休むとか、24時間365日体制で頑張っている多数のベンチャーに勝つことは容易ではない。

　社内でやる場合、選ばれた最優秀メンバーが絶対にやりたいと思い、コミットできるテーマを選定することが重要だ。会社にとって重要で、メンバーも強くコミットしているテーマを選定しなければ、事業推進力は格段に落ちる。

(3) 既存の意思決定プロセスを極力省略して動くことができるよう、社長直轄にする

　テーマがよく、コミットした最優秀メンバーがアサインされたとしても、既存事業の伝統的な意思決定プロセスの中に置かれると、それだけでスピードを低下させる。

　新事業はリーンスタートアップ的アプローチを取り、超高速仮説構築・検証・修正型商品開発を進めるので、一々上司の承認など取っていられない。プロジェクトリーダーはあたかもベンチャー社長であるかのように動かなければ、動けていない分、不利になる。

承認のはんこを1つ要求するたびに、大きなロスになる。ベンチャー社長は上司の説得や、社内稟議を通すための根回し等の時間を全くかけずに、正しいと思うことを電光石火で進めており、それとの差がすべてハンディキャップになっている。
　それを防ぐ方法の一つは、新事業立ち上げプロジェクトを社長直轄にすることだ。大きな会社の場合は事業本部や社内カンパニーに分かれていることが多いため、それを押し切って社長直轄にするためにはかなりの決断と説得力が必要になる。

　事業本部や社内カンパニーに置くよりも、社長直轄にする方が望ましい最大の理由は、新事業に対して社長がコミットしているほど事業本部等でコミットしているかどうか保証の限りではないからだ。
　事業本部や社内カンパニーは今年度の予算達成に必死に取り組んでおり、その際の稼ぎ頭である最優秀メンバーを既存事業から出すことを非常に嫌がる。それでも社長の方針で出したとしても、折に触れ元の仕事を助けてほしいとか、火消しに駆り出したりする。社長直轄に比べてはるかにノイズが入りやすい環境になってしまう。

「早く戻ってきてくれ」、「そこそこで終わらせて戻ってくれるとすごく助かるよ」といった懇願や、下手をすると、「早々に切り上げて早く戻らんと戻る場所がなくなるぞ」という脅しも十分考えられる。

　一方、社長直轄にする際には注意点がいくつかある。

　第一に、社長直轄にするからといって、週次での報告などを社長からは求めないことだ。社長への報告となると、プロジェクトメンバーは少なくとも2, 3日を費やして報告資料を準備する。社長の目に触れる資料が比較的簡単なものだったとしても、その陰ではかなりの量の資料を

準備しているはずだ。ベンチャーの場合は、こういうことが皆無だ。報告は2週間に一度、15分とか短時間にすれば製品・サービス開発にそれほどの被害を与えない。

第二に、社長ご自身が大して詳しくもなく、勉強しようと膨大な時間も投入しない状況で、社長だからといって想像ベースだけで指示をしないことだ。社長は成功体験を持っていても、インターネットの発展、スマートフォンの展開等で、過去に成功体験を得た環境とは大きく変わっていることが普通である。そこで勉強もせずに何か価値ある助言をできると考えないことだ。

社長にはこの部分を特に理解していただきたい。注意すべきは、さすがに自分は年齢も上だしITもあまり使っていないので控えたとして、自分より10歳くらい若い役員はわかっているだろうと勝手に想像して、その役員の言うことを鵜呑みにすることだ。その役員も40〜45歳以上だとすると、実はあまりわかっていないことも多々ある。わかっていないとは到底言えないために、わかったふりをすることも大変多いことは留意していただきたい。

ともかく、既存事業が相当年数に渡って利益を生んできた会社での新事業は、経営層が熱心に勉強しない限り、判断できる人材がいないと理解していただいてあまり間違いはない。従来より20〜30代社員の活用、抜擢等が重要になっている背景にはこの問題がある。

(4) 既存事業からの冷たい視線を浴びない環境を構築する
新事業を立ち上げようとすると、既存事業側からあらゆる邪魔が入る。

第一に人材やシステムの提供を渋ることだ。もちろん彼らには言い分

があり、「会社の屋台骨を必死で支えている状況で、それを崩してまで新事業を支援することは到底できない」というものだ。

「既存システムを若干改良しただけで新事業に使えると調子よく言うが、実際には若干の改良ですむわけがないし、後々まで面倒を見させられるのは自分たちなので、ごめん被りたい」と思うのも無理はない。といって、支援しなければ、数年後、自分たちの首を絞めることになる。

第二に、新事業プロジェクトを馬鹿にした態度で、新事業プロジェクトメンバーの心を折ることだ。新事業の売上、顧客・ユーザー獲得等は中々進まない。必死になって進めても、既存事業の1/100〜1/1000もあればよい方だ。新事業の売上が初年度1億円もあれば、相当によい方だが、既存事業の売上が1000億円あるとどうしても馬鹿にしてしまう。馬鹿にするつもりがなくても、「え？ 売上がまだ800万円なの？ ふ〜ん」という一言で十分だ。

第三に、既存事業を元に作られた経営管理部門から既存事業と同じレベルの報告を求められたり、少し減らした程度の膨大な書類作成を指示されたりする。始めたばかりの新事業では、そういったことに時間を投入する余裕が全くないにも関わらず。

こういった邪魔が入らないよう、できるだけ既存事業から離れた場所に隔離し、ノイズが入らないようにしないといけない。経営管理も、新事業ということで放置するくらいでちょうどよい。経営管理部門が職務に忠実、馬鹿正直なあまりに新事業の邪魔をしないよう、社長の気配りが必要である。

(5) 提携交渉等は、法務部依存ではなくプロジェクトリーダーがコントロールする

新事業における提携交渉はベンチャー並のスピードと身軽さで行わなければならない。ベンチャーであれば、社長が即断即決で交渉を進めることができるが、大企業等の新事業の場合、法務部が箸の上げ下ろしまでうるさく口を出すことがある。

　法務部の役割は、法律的に会社が不利にならないようにすることであり、新事業の事業チャンスが何かを理解することも、それをなるべく広くオプションとして押さえておくことも視野には入っていない。あくまでプロジェクトリーダーがすべてコントロールし、一部法務部の力を借りる程度にすることが必要である。ベンチャー社長がすべて取り仕切っていることを考えれば、法務部依存は必要ないし、プラスでもない。

(6) プロジェクトのKPIは既存事業と全く違うものを設定、合意する

　既存事業のKPIと新事業のKPIは異なる。例えば新事業のKPIでは、
- (a) 月あたり顧客・ユーザー開拓数
- (b) 顧客・ユーザーの登録後7日後継続率
- (c) 顧客・ユーザー一人あたりの新顧客・ユーザー勧誘率
- (d) 顧客・ユーザーLTV（ライフタイムバリュー＝顧客・ユーザー一人あたりの貢献総額）

などが必要になるが、経営管理部門では言われなければ想定できない。悪意なく、売上利益率とか、原価削減率等の自分たちになじみのあるKPIを意図せず押しつけることになる。

　新事業プロジェクトリーダーは、断固としてこれについて戦い、プロジェクトの早期、できれば開始前にKPIの種類と実際のターゲット数値について、社長、経営管理部門長、経営企画部門長と合意を取っておくことが必要だ。

(7) プロジェクトが失敗しても正当な理由があればキャリアに傷がつかないようにする

　新事業は3つに一つ成功することはまずない。5つに一つ成功すれば多分よい方だと思う。
　したがって、新事業プロジェクトに参加し、80％以上の確率で失敗しても、正当な理由さえあればキャリアに傷がつかないようにすることも大事な制度設計の一部になる。

　自分の好きなことをやり、会社の貴重な資金を無駄にして、ペナルティーがないのか、という一見もっともな意見も出がちだ。ところがこの意見は決して正しくない。

　会社の将来を支える新たな収益源を生み出すために、できるかどうか必ずしもわからないのに、全エネルギーを投入し、夜も週末も投入して取り組んできた結果、うまくいくこともあるし、いかないこともある。失敗を見て他のメンバーがやりたがらなくなるような制度は、会社を中長期的にだめにする。

　多くの場合、現在の経営陣やスタッフ部門の人間は、過去10年以上あるいは入社以来一度も新事業を立ち上げたことも、ましてや成功させたこともないことが普通だ。
　どうすれば新事業を成功させることができるのか、特別な配慮と勇気が必要であり、特に新事業に取り組む人材のキャリアに傷をつけないようにする。

　以上のような注意が必要だ。

ご意見、ご質問は akaba@b-t-partners.com までお気軽にお寄せください。必ずお返事します。メールの件名は、「会社名（会社にお勤めの場合）お名前　7日で作る事業計画書」としていただければ幸いです。

また、時間の許す限りお会いして、意見交換もさせていただきます。より詳しい情報はこちらをご覧ください（www.b-t-partners.com）。

ブレークスルーパートナーズ株式会社

　ブレークスルーパートナーズ株式会社は、ベンチャー共同創業、経営支援と、中堅・大企業の経営改革、意識・行動改革、経営幹部育成、新事業創出支援、後継体制確立支援などを行っています。

　経営者の悩み、想い、会社をこうしていきたいというビジョンを徹底的にお伺いします。その上で、ビジョン実現のステップや経営改革方策を一緒に整理し、明確に描きます。さらに全社を挙げての具体策と実行計画にブレークダウンし、成果が出るまできめ細かく推進支援します。

東京都港区海岸1-2-20　汐留ビルディング3F

会社サイト：www.b-t-partners.com

ブレークスルーブログ：http://b-t-partners.com/akaba/

メール：info@b-t-partners.com

●著者略歴●
赤羽 雄二（あかば ゆうじ）

東京大学工学部を1978年に卒業後、小松製作所で建設現場用ダンプトラックの設計・開発に携わる。1983年よりスタンフォード大学大学院に留学し、機械工学修士、修士上級課程を修了した。
1986年、マッキンゼーに入社。経営戦略の立案と実行支援、新組織の設計と導入、マーケティング、新事業立ち上げなど多数のプロジェクトをリード。
1990年にはマッキンゼー ソウルオフィスをゼロから立ち上げ、120名強に成長させる原動力となるとともに、韓国企業、特にLGグループの世界的な躍進を支えた。
2002年、「日本発の世界的ベンチャー」を1社でも多く生み出すことを使命としてブレークスルーパートナーズ株式会社を共同創業。最近は、大企業の経営改革、経営人材育成、新事業創出、オープンイノベーションにも積極的に取り組んでいる。
applim、TRIGGER、OVAL、KING、Applicare等学生向けビジネスプランコンテストの企画、メンタリング、審査等に深く関わっており、ブレークスルーキャンプ2011を主催。

経済産業省「産業競争力と知的財産を考える研究会」、総務省「ITベンチャー研究会」委員、「ICTベンチャーの人材確保の在り方に関する研究会」委員、「事業計画作成支援コース」の企画立案および講師、「事業計画作成とベンチャー経営の手引き」著者。
東京大学工学部「産業総論」講師、電気通信大学「ベンチャービジネス特論」講師、北陸先端科学技術大学「ベンチャービジネス創出論」講師。
ベストセラー「ゼロ秒思考」（ダイヤモンド社）著者。

本書の内容に関するお問い合わせ
明日香出版社 編集部
☎(03)5395-7651

7日で作る 事業計画書 CD-ROM付
2014年 4月 20日 初版発行

著者 赤羽 雄二
発行者 石野 栄一

〒112-0005 東京都文京区水道2-11-5
電話 (03)5395-7650（代表）
　　 (03)5395-7654（FAX）
郵便振替 00150-6-183481
http://www.asuka-g.co.jp

明日香出版社

■スタッフ■ 編集 早川朋子／久松圭祐／藤田知子／古川創一／余田志保
営業 小林勝／奥本達哉／浜田充弘／渡辺久夫／平戸基之／野口優／横尾一樹／田中裕也／関山美保子　総務経理 藤本さやか

印刷 株式会社フクイン
製本 株式会社新東社
ISBN 978-4-7569-1690-7 C2034

本書のコピー、スキャン、デジタル化等の無断複製は著作権法上で禁じられています。
乱丁本・落丁本はお取り替え致します。
©Yuji Akaba 2014 Printed in Japan
編集担当 藤田知子

併読おすすめ

7日で作る 新・人事考課　CD-ROM付

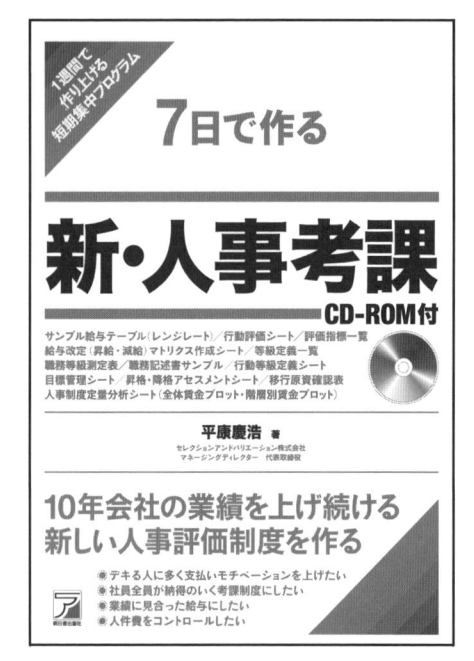

14年2月 発行
ISBN978-4-7569-1675-4

人事制度策定実務書の決定版が
「7日で作る」シリーズ第一弾として発行！

わかりやすい解説で、7日で等級制度から報酬制度、評価制度・賞与制度・昇格・降格基準の策定、以降計画までサポート。
使えるCD-ROM付きでこの1冊があればハイブリッド式の最新人事制度を作れます。